Henri ONANGANDO TADIUMI

Premier pas pour une vie glorieuse avec Jésus-Christ

Henri ONANGANDO TADIUMI

Premier pas pour une vie glorieuse avec Jésus-Christ

Éditions Croix du Salut

Imprint

Any brand names and product names mentioned in this book are subject to trademark, brand or patent protection and are trademarks or registered trademarks of their respective holders. The use of brand names, product names, common names, trade names, product descriptions etc. even without a particular marking in this work is in no way to be construed to mean that such names may be regarded as unrestricted in respect of trademark and brand protection legislation and could thus be used by anyone.

Cover image: www.ingimage.com

Publisher:
Éditions Croix du Salut
is a trademark of
Dodo Books Indian Ocean Ltd. and OmniScriptum S.R.L publishing group

120 High Road, East Finchley, London, N2 9ED, United Kingdom
Str. Armeneasca 28/1, office 1, Chisinau MD-2012, Republic of Moldova, Europe
Managing Directors: Ieva Konstantinova, Victoria Ursu
info@omniscriptum.com

Printed at: see last page
ISBN: 978-620-6-17134-8

Préface

Ce livre est le fruit de ma commisération des âmes qui me pousse à consacrer toute ma vie pour la prédication de l'évangile du seigneur Jésus-Christ. Ma vocation et ma mission d'évangéliser pour gagner les âmes ; former les disciples ; transformer l'intégralité de la vie des croyants (corps – âme -esprit) et perfectionner les croyants, activent en moi un grand zèle de travailler de mieux en mieux dans l'œuvre du seigneur.

Après avoir fait un constat amer et catastrophique dans la vie de l'église actuelle par rapport à l'impact de l'église primitive voir même du temps de regretté Apôtre Aidini ABALA Alexandre père du Réveil et des mouvements pentecôtistes de mon pays RDC, Je constate aujourd'hui, une croissance numérique par la multiplication d'assemblées ainsi que l'augmentation significative des chrétiens dans le monde. Malheureusement il y a une disproportionnalité entre cette croissance numérique et l'influence ou l'impact de l'église dans la transformation des croyants Au milieu duquel la haine, l'hypocrisie, la jalousie, le poison, l'idolâtrie, l'impureté, l'impudicité etc.... dominent. Cette triste réalité tourmentant mon âme, étant devenue une préoccupation, Object de mes réflexions et sujet de mes prières. Étant membre dans le corps du christ, il a plu au seigneur de m'accorder la grâce d'élaborer ce livre pour apporter ma pierre dans le travail de la reconstruction et la restauration de l'Église de la dernière heure.

L'étude comparative du mode opératoire de l'église actuelle et celle de l'Église primitive m'a amenée à comprendre les différentes causes parmi lesquelles, l'Évangile apporté aux non croyants de nos jours n'est pas celui prêché par les disciples du premier siècle lequel était basé et fondé sur la seigneurie de Jésus-Christ ; des exigences du royaume de Dieu et de la vie éternelle. Un jour J'ai posé des questions à certains frères et sœurs fréquentant certaines assemblées locales de Kinshasa : Êtes-vous sûr que vous êtes sauvés ? Leurs réponses, « nous ne savons pas » ; Aviez-vous reçu Jésus dans vos vies en qualité de seigneur et sauveur personnel ? Ils m'ont répondu « Oui », comment aviez-vous cru ? Certains dirent « On nous avait invité à l'église et on avait aimé la prédication voilà pourquoi on était resté », Et d'autres « on avait aimé la musique c'est pourquoi nous venons ici ». Ces séries des réponses m'ont amené à conclure que ce sont des messages biaisés qui produisent des mauvaises conversions c'est ainsi qu'on a comme conséquence des faux chrétiens, mal convertis et non affermis. Certains serviteurs de Dieu les font par ignorance et d'autres parce qu'ils veulent des prédications compliquées en négligeant les affermissements sous prétexte que ces derniers sont les sermons des petits prédicateurs hors, l'enseignement des apôtres était simple mais puissant.

La vie glorieuse avec Jésus-Christ commence par la transformation intégrale de l'homme (corps-âme-esprit). Et cela n'est possible que par la puissance du Saint-Esprit et la prédication de la parole pure et authentique.

Remerciements

J'exprime ma profonde gratitude au seigneur Jésus-Christ pour la grâce qu'il m'a accordé de partager ce message par la réalisation de ce livre, honneur au Saint-Esprit. Gloire au seigneur pour le père spirituel qu'il m'a donné! Auprès de lui, j'ai appris l'humilité, la haine du péché et la foi totale à Dieu et à ses promesses, la personne de l'Apôtre MUSAS l'infatigable combattant du seigneur.

Je pense à ma charmante épouse Maman Deborah KALOSO ONANGANDO une mère exceptionnelle qui m'a toujours soutenue, un instrument que Dieu a utilisé pour façonner mon caractère et ma personnalité ainsi qu'à mes filles Gracia ONANGANDO OMBA, Princilian ONANGANDO SHAKO, Joséphine ONANGANDO NDJAKA, Hosanna Patience ONANGANDO LUMU pour qui j'ai la joie d'être père.

Je remercie mon défunt père Joseph TADIUMI et Ma mère Thérèse OLENGA le canal par lequel Dieu est passé pour m'envoyer sur cette terre, Auprès d'eux, j'ai reçu l'Éducation, l'instruction, la formation ainsi que les principes et la discipline.

Je dédie ce livre au couple de crispin LENGA et Patience LUMU, mes seconds parents, mes partenaires du ministère, et mes conseillers. Au couple de mes parents Pius ONADIMANDJA et MWADI.

Je tiens à remercier le couple pastoral de l'Apôtre Albert BOUCHIRI Et Maman Agnès BOUCHIRI mes Parrains, mes conseillers, leurs conseils ont rendu mon foyer solide.

Je pense notamment au couple pastoral de l'Apôtre John Vigne BENKA qui a cru à mon ministère en me donnant de prêcher pour ma première fois ; ainsi que son épouse Prophétesse Hortance WALE; Au couple Pastoral d'un ami et frère Franck KAPELA et sa charmante épouse Parfaite KAPELA.

Nos remerciements vont à l'égard du pasteur Gérôme LOKANDO représentant légal de l'Église Jésus le bon Berger et sa charmante épouse Maman Déborah LOKANDO pour leurs multiples conseils ainsi qu'à Papa Omer KALOSO et Maman Suzanne NSA KALOSO, respectivement mon beau-père et ma belle-mère pour leurs soutiens et leurs conseils.

La réalisation de ce livre est le fruit du concours d'une foule d'amis, connaissances et membre de mes familles biologique, spirituelle, par alliance qui m'ont soutenus et encouragés de prêt ou de loin.

INTRODUCTION

Les Saintes Ecritures dépeignent la nature et la manière de vivre de gens de derniers jours en les divisant en deux : 1) Fils de la rébellion caractérisés par la nature pécheresse adamique et des toutes espèces des convoitises des yeux et de la chair ; 2) Les Enfants de Dieu caractérisés par la nature divine de Christ.

I.   FILS DE LA REBELLION

Fils de la rébellion sont appelés aussi les fils de la perdition. Ils sont animés par le prince de la puissance de l'air, par l'esprit de la séduction et de l'antéchrist qui agissent à ce temps de la fin. Éphésiens 2 :2

Le cœur est la source de la vie de l'homme, Centre favorisant les liens entre l'être de l'homme et le spirituel. Le diable se sert de la faiblesse de l'homme résidant dans la nature adamique de non convertis et les âmes mal affermies pour exercer son autorité et son influence dans les cœurs de ces derniers. L'œuvre de l'esprit de la séduction et de rébellion ou encore l'esprit de l'antéchrist se fait spirituellement dans l'âme de l'homme et produit les effets visibles dans le comportement, caractère, les actes, les réactions etc.... Les fruits de la chair qui sont les conséquences de l'œuvre de l'esprit de la séduction et de la rébellion est appelé PECHES.

Ces passages nous expliquent :

Petits enfants, c'est la dernière heure, et comme vous avez appris qu'un antéchrist vient, il y a maintenant plusieurs antéchrists: par là nous connaissons que c'est la dernière heure. **1Jean 2:18**

Qui est menteur, sinon celui qui nie que Jésus est le Christ? Celui-là est l'antéchrist, qui nie le Père et le Fils. **1Jean 2:22**

Et tout esprit qui ne confesse pas Jésus n'est pas de Dieu, c'est celui de l'antéchrist, dont vous avez appris la venue, et qui maintenant est déjà dans le monde. **1Jean 4:3**

Car plusieurs séducteurs sont entrés dans le monde, qui ne confesse point que Jésus Christ est venu en chair. Celui qui est tel, c'est le séducteur et l'antéchrist. **2 Jean 1:7**

1) <u>Caractéristiques de Fils de la rébellion</u>

- Sache que, dans les derniers jours, il y aura des temps difficiles. Car les hommes seront égoïstes, amis de l'argent, fanfarons, hautains, blasphémateurs, rebelles à leurs parents, ingrats, irréligieux, insensibles, déloyaux, calomniateurs, intempérants, cruels, ennemis des gens de bien, traîtres, emportés, enflés d'orgueil, aimant le plaisir plus que Dieu, ayant l'apparence de la piété, mais reniant ce qui en fait la force. Éloigne-toi de ces hommes-là. Il en est parmi eux qui s'introduisent dans les maisons, et qui captivent des femmes d'un esprit faible et borné, chargées de péchés, agitées par des passions de toute espèce, apprenant toujours et ne pouvant jamais arriver à la connaissance de la vérité. De même que Jannès et Jambrès s'opposèrent à Moïse, de même ces hommes s'opposent à la vérité, étant corrompus d'entendement, réprouvés en ce qui concerne la foi. Mais ils ne feront pas de plus grands progrès; car leur folie sera manifeste pour tous, comme le fut celle de ces deux hommes.

  « 2 Timothée 3 :1 -9 »

- Mais eux, semblables à des brutes qui s'abandonnent à leurs penchants naturels et qui sont nées pour être prises et détruites, ils parlent d'une manière injurieuse de ce qu'ils ignorent, et ils périront par leur propre corruption, recevant ainsi le salaire de leur iniquité. Ils trouvent leurs délices à se livrer au plaisir en plein jour; hommes tarés et souillés, ils se délectent dans leurs tromperies, en faisant bonne chère avec vous. Ils ont les yeux pleins d'adultère et insatiables de péché; ils amorcent les âmes mal affermies; ils ont le cœur exercé à la cupidité; ce sont des enfants de malédiction. Après avoir quitté le droit chemin, ils se sont égarés en suivant la voie de Balaam, fils de Bosor, qui aima le salaire de l'iniquité, Ces gens-là sont des fontaines sans eau, des nuées que chasse un tourbillon: l'obscurité des ténèbres leur est réservée. Avec des discours enflés de vanité, ils amorcent par les convoitises de la chair, par les dissolutions, ceux qui viennent à peine d'échapper aux hommes qui vivent dans l'égarement; ils leur promettent la liberté, quand ils sont eux-mêmes esclaves de la corruption, car chacun est esclave de ce qui a triomphé de lui.

« 2PIERRE 2:12-19 »

> Or, les œuvres de la chair sont manifestes, ce sont l'impudicité, l'impureté, la dissolution, l'idolâtrie, la magie, les inimitiés, les querelles, les jalousies, les animosités, les disputes, les divisions, les sectes, l'envie, l'ivrognerie, les excès de table, et les choses semblables. Je vous dis d'avance, comme je l'ai déjà dit, que ceux qui commettent de telles choses n'hériteront point le royaume de Dieu. « Galates 5:19-21»

2) <u>L'avertissement et le jugement dernier</u>

Nous ne lançons pas un message de condamnation mais un message de grâce par lequel nous avertissons et dénonçons les péchés en rappelant aux nations que le seigneur jugera le monde et les pécheurs. Ces choses ne tardent pas, prenez garde a vous-mêmes.

Il est à signaler ici que même les croyants doivent faire beaucoup d'attention en évitant la distraction pour échapper à la colère de Dieu car le jugement commencera dans la maison de Dieu. **1Pierre 4 :17-18** (Car c'est le moment où le jugement va commencer par la maison de Dieu. Or, si c'est par nous qu'il commence, quelle sera la fin de ceux qui n'obéissent pas à l'Évangile de Dieu ? Et si le juste se sauve avec peine, que deviendront l'impie et le pécheur ? Apôtre Paul nous parle de sa manière de traiter son corps pour garantir son salut «   **1CORINTHIENS 9-27 »** Mais je traite durement mon corps et je le tiens assujetti, de peur d'être moi-même rejeté, après avoir prêché aux autres. Le jugement de Dieu est réel.

> Mais une attente terrible du jugement et l'ardeur d'un feu qui dévorera les rebelles. « **Hébreux 10:27 »**
> Car, sachez-le bien, aucun impudique, ou impur, ou cupide, c'est-à-dire, idolâtre, n'a d'héritage dans le royaume de Christ et de Dieu. **Ephésiens5:5**
> Or, les œuvres de la chair sont manifestes, ce sont l'impudicité, l'impureté, la dissolution, l'idolâtrie, la magie, les inimitiés, les querelles, les jalousies, les animosités, les disputes, les divisions, les sectes, l'envie, l'ivrognerie, les excès de table, et les choses semblables. Je vous dis d'avance, comme je l'ai déjà dit, que ceux

qui commettent de telles choses n'hériteront point le royaume de Dieu. **Galates 5:19-21**

> Mais pour les lâches, les incrédules, les abominables, les meurtriers, les impudiques, les enchanteurs, les idolâtres, et tous les menteurs, leur part sera dans l'étang ardent de feu et de soufre, ce qui est la seconde mort. « **Apocalypse 21:8** »

> Tandis que, par la même parole, les cieux et la terre d'à présent sont gardés et réservés pour le feu, pour le jour du jugement et de la ruine des hommes impies. « **2Pierre 3:7** »

II. ENFANTS DE DIEU

Mais à tous ceux qui l'ont reçue, à ceux qui croient en son nom, elle a donné le pouvoir de devenir enfants de Dieu, lesquels sont nés, non du sang, ni de la volonté de la chair, ni de la volonté de l'homme, mais de Dieu. Jean 1 : 12. La Parole de Dieu (Jésus-Christ), nous a donné la capacité et l'opportunité de devenir par la foi « enfants de Dieu », Nous qui étions étrangers à la promesse.

Étant devenu par adoption les enfants de Dieu en Jésus-Christ, nous avons obtenu désormais la nature de Dieu. En ayant La nature de Dieu on devient comme lui, désormais nous avons la puissance surnaturelle de Dieu, l'autorité spirituelle de dominer sur toute la création.
L'Esprit lui-même rend témoignage à notre esprit que nous sommes enfants de Dieu. **Romain 8:16**
Les enfants de Dieu sont conduits par l'Esprit de Christ et portent le fruit digne de la foi chrétienne. Mais le fruit de l'Esprit, c'est l'amour, la joie, la paix, la patience, la bonté, la bénignité, la fidélité, la douceur, la tempérance; la loi n'est pas contre ces choses. Ceux qui sont à Jésus Christ ont crucifié la chair avec ses passions et ses désirs. Si nous vivons par l'Esprit, marchons aussi selon l'Esprit. **Galates 5:22- 25**

<u>Chapitre I. LE PLAN ET L'ŒUVRE DE LA RÉDEMPTION</u>

Ce mystère est tellement grand. Je vais vous révéler la portion de ce mystère conformément à la grâce inhérente du seigneur qui m'a été accordée pour la mission. Bon voyage dans l'univers de la révélation de ce mystère.

A. PÉCHÉ D'ADAM

Le péché est un acte de désobéissance volontaire ou involontaire à la loi de Dieu, à ses préceptes, à ses ordonnances et à sa volonté parfaite. Adam avait péché en mangeant le fruit de l'arbre que Dieu lui avait interdit. Il s'était caché loin de la face de Dieu, non à cause de l'acte de désobéissance qu'il avait commis mais à cause de son état de nudité. C'est ainsi qu'il répondra à Dieu : « Je me suis caché parce que je suis nu ». Or, la nudité n'était que la conséquence du péché. Alors qu'une bonne réponse sincère sans hypocrisie allait être : « Je me suis caché parce que J'ai mangé le fruit de l'arbre que tu m'avais défendu ».

Nous constatons qu'Adam n'avait pas la crainte de l'acte de désobéissance qu'il avait commis mais de son état de nudité. Cette nature adamique de vouloir justifier et cacher les transgressions, surtout de craindre les conséquences des péchés plus que les péchés se trouve dans tous les hommes dans la chair mais les enfants de Dieu doivent vaincre cette nature.

Exemples :
- Les gens peuvent se livrer dans l'impudicité, l'adultère, la fornication en utilisant les condoms pour se protéger contre les maladies et les grossesses mais sacrifiant ainsi leurs âmes.
- L'homme éprouve toujours dans son âme un mouvement de frémissement physique, de frisson du corps et de sensation des craintes mystérieux et effrayant devant la mort. Curieusement, l'homme se sent à l'aise devant les choses qui amènent, et le chemin qui conduit à la mort.

B. <u>CONSÉQUENCES DU PÉCHÉ</u>

La chute de l'homme a causé plusieurs conséquences spirituelles et physiques dans le temps et dans l'espace. Toute l'humanité a héritée ces conséquences d'Adam car il est l'ancêtre de tous les humains dans la chair et par sa nature. Voici, quelques conséquences:

- La séparation de l'homme avec Dieu. Ceci est la source de toute malédiction ;
- L'homme a perdu la gloire, la nature et le statut d'enfant de Dieu, ROMAINS 3 :23;
- Adam était chassé du Jardin et interdit d'y retourner. Loin du Jardin, le corps de l'homme devient vulnérable et exposé aux diverses maladies Genèse 3 : 23-24 ;
- La perte de l'accès à l'arbre de vie et de la vie éternelle, Genèse 3 : 22
- Le sol a été maudit, il produit les épines et les ronces, le principe de pain des souffrances ou de douleur a été institué. Genèse 3 : 17-19 ;
- L'homme quitte l'éternité pour entrer dans la sphère temps. Or, dans le temps, tout est limité, EX : le vieillissement, la limite d'âge, la perte de la force physique etc... sont influencés par le temps.
- Et enfin la mort, Genèse 2 :17, Romains 5 :12, Romains 6 :23

C. <u>SOLUTIONS ÉPHÉMÈRES ET L'ATTITUDE D'ADAM FACE AU PÉCHÉ ET SES CONSÉQUENCES</u>

- Adam et sa femme se cachèrent loin de la face de l'Éternel c'est-à-dire qu'ils quittèrent le lieu de rencontre avec Dieu. Genèse 3 : 8. Ce sont les catégories des personnes qui brisent leurs intimités et communions avec Dieu en s'éloignant du seigneur après avoir commis le péché, alors qu'elles peuvent s'humilier devant Dieu et se repentir.
- Adam et sa femme cousirent des feuilles de figuier, ils s'en firent des ceintures. Genèse 3 : 7. Or, les feuilles ont une courte durée de vie et sèchent rapidement après qu'elles aient séparées de l'arbre. Nous comprendrons qu'Adam devrait renouveler des nouvelles feuilles quotidiennement pour continuer à cacher sa nudité. C'est un mauvais système par lequel un homme tombe dans les mêmes péchés

quotidiennement et fait aussi la repentance de ses mêmes péchés plusieurs fois.

> Adam rejetât la responsabilité de son acte à Dieu, qui lui avait donné la femme au lieu de reconnaitre sa faute et montrer l'attitude d'humilité.

D. <u>SOLUTIONS PROVISOIRES DE DIEU</u>

a) La mort de l'animal au jardin

Dieu a immolé pour la première fois un animal pour couvrir la nudité d'Adam. L'Éternel tuât une créature pour habiller l'homme malgré son péché. **Genèse 3 :21**

Cet acte prouve l'amour que Dieu porte pour l'homme, au-dessus de toute autre créature. Cette solution était provisoire parce que la peau de l'animal avait aidée l'homme à couvrir sa nudité mais ne lui avait pas permis de rester dans le jardin et n'avait pas restauré sa communion, ni le réconcilié avec Dieu.

b) LA PREMIÈRE ALLIANCE ET LES LOIS SACRIFICIELLES DU SANG

L'amour de Dieu pour l'homme était si fort que le seigneur cherchait toujours le moyen de sauver l'homme et rétablir des nouvelles relations avec lui. Dans cette démarche, l'Éternel se révèle à un homme appelé ABRAM, il lui fait des promesses et traite une alliance avec lui. Genèse 12 :1-3, 7-8 ; Genèse 17 :1-27. Abraham obéit à Dieu par la foi, il fut imputé à justice ; et il fut appelé ami de Dieu. Jacques 2 :23, Genèse 22 :1-3, 15-18.

Dans **Exode 3 : 6, 14-15,** Dieu se révèle à Moise selon la promesse qu'il avait faite à Abraham au sujet de sa postérité. Il traite une alliance avec la postérité d'Abraham par Moise. Cette alliance fut inaugurée par le sang des animaux. **Hébreux 9 :18 – 20.** Dieu donne à ce peuple les lois règlementant : 1. La relation entre l'homme et Dieu ; 2. La relation entre les hommes dans la société, c'est-à-dire leur manière de vivre ; 3. Le fonctionnement du sacerdoce.

Dieu ordonne la construction du tabernacle. Exode 25 :1- 9, il donne la description du tabernacle. Exode 26, de l'arche, de la table et du Chandelier. Exode 25 :10- 40 ; des vêtements sacerdotaux. Exode 28; de la consécration des sacrificateurs Exode 29 ; de l'autel, des holocaustes et du parvis. Exode 27 ; La consécration des sacrificateurs. Exode 29 ; de l'autel des parfums et de la cuve d'airain Exode 30 : 1-21. Il donne la modalité de la composition de l'huile sainte et du parfum « Exode 30 : 22-38 ».

Dieu établit les lois sacrificielles des animaux, concernant les holocaustes, les offrandes, et les diverses espèces de sacrifices : Exode 29 :14, 36 ; Lévitique 1, 4, 5, 6, 7.

Malheureusement, cette solution était provisoire parce que c'était l'ombre des choses à venir. Elle était inefficace parce que :

1. Le souvenir des péchés était renouvelé chaque année par ces sacrifices ; Hébreux 10 :3
2. Il est impossible que le sang des taureaux et des boucs ôte les péchés ; Hébreux 10 :4
3. Dieu n'a voulu, n'a agréé ni sacrifices, ni offrandes, ni holocaustes, ni sacrifices pour le péché (ce qu'on offre selon la loi). Hébreux 10 :6, 8 ;
4. Ces offrandes et sacrifices ne pouvaient pas amener la perfection. Hébreux 10 :14

E. <u>**SOLUTION DÉFINITIVE DE DIEU**</u>

a) MORT ET RÉSURRECTION DE JÉSUS-CHRIST

Malgré les multiples tentatives sans succès, de trouver solution au péché et à ses conséquences, l'humanité toute entière était sous l'esclavage du péché, condamné à la mort spirituelle, qui est la séparation éternelle de l'homme avec Dieu. Gloire à Dieu ! Car, Par la Mort et la résurrection de Christ, Jésus a payé le prix pour le rachat de ceux qui ont cru en lui, il les a délivrés du péché et les a sauvés de ses conséquences éternelles. Nous ne pouvons pas parler de la mort de Christ et sa Résurrection sans toucher son nom.

b) LE NOM DE JESUS-CHRIST ET SES DIFFERENTS TITRES

Nous constatons que les anges, les prophètes, les Apôtres, et d'autres personnes ont connu Jésus sous plusieurs noms et titres. Lui-même Jésus-Christ s'est présenté par beaucoup des noms et titres qui expliquaient et décrivaient respectivement sa personne, sa mission divine, sa vision et son ministère divin sur la terre. Chacun de ces noms et titres incarne jusqu'à ce jour, un enseignement, une vérité, une vertu spirituelle, et un pouvoir divin.

Parmi ces noms et titres, le nom principal est : **« JESUS-CHRIST »**
Le nom de Jésus-Christ est puissant et glorieux, il est sacré. Ce nom a une autorité et est au-dessus de tout nom dans les cieux, sur la terre, sous la terre.

Ces passages nous expliquent :

➤ « C'est pourquoi aussi Dieu l'a souverainement élevé, et lui a donné le nom qui est au-dessus de tout nom, afin qu'au nom de Jésus tout genou fléchisse dans les cieux, sur la terre et sous la terre, et que toute langue confesse que Jésus Christ est Seigneur, à la gloire de Dieu le père. **Philippiens 2 :9- 11 »**

➤ **L'ange lui dit :** ne crains point, Marie ; car tu as trouvé grâce devant Dieu. Et voici, tu deviendras enceinte, et tu enfanteras un Fils, et tu lui donneras le nom de Jésus. Il sera grand et sera appelé Fils du Très Haut, et le seigneur lui donnera le trône de David, son père. **Luc 1 : 30- 32**

➤ **L'ange lui répondu :** le Saint-Esprit viendra sur toi, et la puissance du Très Haut te couvrira de son ombre. C'est pourquoi le saint enfant qui naitra de toi sera appelé Fils de Dieu. **Luc 1 : 35**

1) Les noms et titres de Jésus-Christ par présentation :

✓ Je suis celui qui suis. Et il ajouta : C'est ainsi que tu répondras aux enfants d'Israël : Celui qui s'appelle 'JE SUIS' m'a envoyé vers vous. Exode 3 :14

✓ Je suis la résurrection et la vie… Jean 11 :25

✓ Je suis la lumière du monde….. Et la lumière de la vie. « Jean 8 :12 »

✓ Je suis l'Alpha et l'Oméga, le premier et le dernier, le commencement et la fin. « Ésaïe 44 :6, Apocalypse 22:13» ;

✓ Je suis le bon berger » (Jean 10:11). ; «
✓ Je suis le Messie, « Jean 1 :41-42 »
✓ Je suis le pain de vie. Celui qui vient à moi n'aura jamais faim, et celui qui croit en moi n'aura jamais soif. « Jean 6:35 ; 51 »
✓ Je suis le vrai cep, et mon Père est le vigneron » (Jean 15:1).
✓ Je suis la résurrection et la vie » (Jean 11:25). «
✓ Je suis le rejeton et la postérité de David, l'étoile brillante du matin. «Apocalypse 22:16 »
✓ Je suis le Dieu tout puissant …… Genèse 17 :1

2) Les noms et différents titres de Jésus-Christ par révélation :

✓ Jésus - Christ est l'agneau de Dieu, qui ôte le péché du monde. Jean 1:29
✓ Jésus est le seul Médiateur entre les hommes et Dieu. 1 Timothée 2:5
✓ Christ est notre Sauveur et Rédempteur « Luc 2:9-11 »
✓ Jésus-Christ est le Chef de l'Église, qui est son corps, et dont il est le sauveur. « Éphésiens 5:23 »,
✓ Jésus-Christ est la Pierre angulaire. « Éphésiens 2:20 ».
✓ Jésus-Christ le juste est notre avocat auprès du Père. « 1 Jean 2 :1 »
✓ Il est une Pierre d'achoppement et un rocher de scandale... « Romains 9 :33 »
✓ Christ est le rocher spirituel... « 1Corinthiens 10 :4 »
✓ Jésus-Christ est juge, qui jugera au dernier jour les actions secrètes de tous les hommes. « Romains 2:16 »
✓ Jésus-Christ est : l'Admirable et Conseillé de tout le saint...Ésaïe 9:6 ;
✓ Il est Dieu tout puissant .... « Ésaïe 9:6 ».
✓ Il est Père Éternel.... « Ésaïe 9:6 ».
✓ Il est Prince de la Paix .... « Ésaïe 9:6 ».

Tout ce que nous devons faire en qualité de chrétien, nous devons le faire au nom du seigneur Jésus-Christ de Nazareth. Toutes actions ou exercices spirituels, tels que : la prière, chasser les démons, guérir les maladies, gagner les âmes, les offrandes, actions des grâces, dîmes, toutes nos demandes à Dieu etc... doivent se faire par la foi en Jésus-Christ et au nom de Jésus-Christ.

F. <u>EXPIATION</u>

L'expiation traite la question relative à la mort sacrificielle de Jésus-Christ sur la croix du calvaire en faveur de l'humanité pour la rédemption et le rachat.

a. LE SACRIFICE AGREE, LE CORPS DU CHRIST

En effet, la loi, qui possède une ombre des biens à venir, et non l'exacte représentation des choses, ne peut jamais, par les mêmes sacrifices qu'on offre perpétuellement chaque année, amener les assistants à la perfection. Autrement, n'aurait-on pas cessé de les offrir, parce que ceux qui rendent ce culte, étant une fois purifiés, n'auraient plus eu aucune conscience de leurs péchés ? Mais le souvenir des péchés est renouvelé chaque année par ces sacrifices ; Car il est impossible que le sang des taureaux et des boucs ôte les péchés.

C'est pourquoi Christ, entrant dans le monde, dit : Tu n'as voulu ni sacrifice ni offrandes, **Mais tu m'as formé un corps** ; Tu n'as agrée ni holocaustes ni sacrifices pour le péché. Alors j'ai dit : Voici, je viens (Dans le rouleau du livre il est question de moi) Pour faire, ô Dieu, ta volonté. Après avoir Dit d'abord : Tu n'as voulu et Tu n'as agrée ni sacrifices, ni offrandes ni holocaustes ni sacrifices pour le péché (ce qu'on offre selon la loi), il dit ensuite : Voici, je viens pour faire ta volonté. Il abolit ainsi la première chose pour établir la seconde. C'est en vertu de cette volonté que nous sommes sanctifiés, par l'offrande du **corps de Jésus-Christ**, une fois pour toute. **Hébreux 10 :1-10**

Jésus-Christ nous a appris l'obéissance totale à Dieu et à sa volonté parfaite. Dès son arrestation, pensant par la trahison de Pierre, les railleries, la souffrance, les coups de fouets, la honte, l'humiliation, l'opprobre, jusqu'à la torture finale de la crucifixion ; là où, il a porté les fardeaux de l'humanité, il restât humble et obéissant jusqu'à déclarer que tout est accompli. Cette obéissance a produit l'amour du père. **Jean 10 :17.** Celui qui reste obéissant à Jésus sera aimé du père.

Il a obéis totalement à son père jusqu'au sacrifice suprême pour l'accomplissement du plan de la rédemption. Et pourtant, il avait le pouvoir d'arrêter les processus. **Matthieu 26 :51 - 56**

Il avait donné sa vie lui-même à cause de toi. « **Jean 10:15; 19:10-11** »

Si d'Adam n'avait pas désobéit à Dieu, l'humanité allait rester en communion parfaite avec Dieu. Ainsi on n'allait pas avoir besoin d'Expiation, ni d'un Rédempteur ou d'un sauveur, ni d'un médiateur, ni de Christ.
L'expiation ou l'œuvre de la croix de Golgotha avait la mission d'accomplir trois actes principaux : La Justification, La réconciliation, et la sanctification.

1. LA JUSTIFICATION
Pour la Justification, Jésus s'est chargé de nos péchés, lui juste qui prend la place des pécheurs, pour les rendre justes devant Dieu.
Celui qui n'a point connu le péché, il l'a fait devenir péché pour nous, afin que nous devenions en lui justice de Dieu. « **2 Corinthiens 5:21** »

Pour la Justification Jésus a répandu son sang précieux pour délivrer les croyants, de la colère de Dieu, de la condamnation ou des châtiments qui devraient tomber sur eux, à cause de la puissance du péché hérité d'Adam. A plus forte raison donc, maintenant que nous sommes justifiés par son sang, serons-nous sauvés par lui de la colère. « **Romain 5 :9** »
Vous qui étiez morts par vos offenses et par l'incirconcision de la chair, il vous a rendus à la vie avec lui, en nous faisant grâce pour toutes nos offenses ; Il a effacé l'acte dont les ordonnances nous condamnaient et qui subsistait contre nous, et il l'a détruit en le clouant à la croix ; Il a dépouillé les dominations et les autorités, et les a livrées publiquement en spectacle, en triomphant d'elles par la croix. « **Colossiens 2 :13-15** »
Tous ceux qui croient en Christ, sont complètement délivrés de la puissance du péché. Par la puissance de l'Esprit de Christ et de la nouvelle nature, les croyants sont capables désormais de résister au diable et de vaincre le péché.

2. LA RECONCILIATION
Car si, lorsque nous étions ennemis, nous avons été réconciliés avec Dieu par la mort de son Fils, à plus forte raison, étant réconciliés, serons-nous sauvés par sa vie. **Romains 5 :10**
Si quelqu'un est en christ, il est une nouvelle créature. Les choses anciennes sont passées ; voici, toutes choses sont devenues nouvelles. Et

tout cela vient de Dieu, qui nous a réconciliés avec lui par Christ, et qui nous a donné le ministère de la réconciliation. Car Dieu était en Christ, réconciliant le monde avec lui-même, en n'imputant point aux hommes leurs offenses, et il a mis en nous la parole de la réconciliation. **2 Corinthiens 5 :17- 19**. Désormais, tout croyant devient le canal par lequel Dieu passe pour réconcilier les hommes avec lui en Jésus-Christ, et pour amener l'unité et la paix entre les hommes.

3. LA SANCTIFICATION

Mais Christ est venu comme souverain sacrificateur des biens à venir ; il a traversé le tabernacle plus grand et plus parfait, qui n'est construit de main d'homme, c'est-à-dire, qui n'est pas de cette création ; et il est entré une fois pour toutes dans le lieu très saint, non avec le sang des boucs et des veaux, mais avec son propre sang, ayant obtenu une rédemption éternelle. Car si le sang des taureaux et des boucs, et la cendre d'une vache répandue sur ceux qui sont souillés, sanctifient et procurent la pureté de la chair, Combien plus le sang de Christ, qui par un esprit éternel, s'est offert lui-même sans tache à Dieu, purifiera-t-il votre conscience des œuvres mortes, afin que vous serviez le Dieu vivant ! **Hébreux 9 :11 – 14**

C'est pour cela que Jésus aussi, afin de sanctifier le peuple par son propre sang, a souffert hors de la porte. Hébreux 13 :12

C'est en vertu de cette volonté que nous sommes sanctifiés, par l'offrande du corps de Jésus-Christ, une fois pour toute. Hébreux 10 :10

Autres Bénéfices de l'œuvre de la croix

- ✓ Christ est devenu malédiction pour nous, afin que nous soyons bénis en Abraham. Galates 3:13, Genèse 18 :17-19 ; Genèse 22 :16- 18
- ✓ Par sa mort, il a anéantit celui qui a la puissance de la mort, c'est-à-dire le diable. Hébreux 2:14
- ✓ Par sa mort, Jésus a détruit les œuvres du diable. 1 Jean 3:8
- ✓ Par sa mort, nous sommes guéris. 1Pierre 2 : 24, Esaïe 53 :5
- ✓ Nous sommes Fils de Dieu par adoption dans la famille de Christ. Galates 4.5-7,

G. <u>LA RESURRECTION</u>

Le diable détenait la puissance de la mort et la clef des séjours des morts. Il avait le pouvoir de retenir tout celui qui descendait dans les régions inferieurs. Depuis Adam jusqu'au jour ou Christ a vaincu et anéanti celui qui a la puissance de la mort, c'est-à-dire le diable, tous les humains étaient retenus par la mort, dans les séjours des morts sous la puissance de Satan.

Je suis le premier et le dernier, et le vivant. J'étais mort ; et voici, je suis vivant aux siècles des siècles. Je tiens les clefs de la mort et du séjour des morts. Apocalypse 1 :18

« Hébreux 2:14 ». Hormis quelques cas isolés, d'ELI et Énoch qui étaient enlevés. Tous les prophètes, Abraham, tous les rois, tous les sacrificateurs y étaient retenus. Matthieu 27 :52 - 53

La dernière cartouche de Satan était de retenir le seigneur dans le sépulcre. Il craignait l'impact de la résurrection de Christ plus que sa vie et sa mort. « **Matthieu 27 :63 – 66** »

La mort et la résurrection du seigneur Jésus-Christ constituent le socle de l'Évangile du salut et la base de la prédication des Apôtres, sur quoi, est fondée la foi chrétienne. Sans cet événement glorieux de la résurrection, la mort de Christ n'aurait aucun sens.

Si, Christ n'était pas réellement ressuscité physiquement des morts, alors il n'y aurait aucun espoir de résurrection pour l'humanité, la prédication des Apôtres serait vaine, la foi des croyants allait être vaine et ceux qui sont morts en christ seraient perdus. 1 Corinthiens 15 : 14-17

Nous sommes les plus heureux parce que notre seigneur Jésus-Christ, Dieu puissant était bien ressuscité des morts, il est les prémices de ceux qui sont morts. 1 Corinthiens 15 :20.

Sa résurrection était prouvée par ses multiples apparitions dans divers lieux. **1 Corinthiens 15 :3–8.** ...Après eux tous, il m'est aussi apparu à moi, comme à l'avorton.

Notre seigneur est vivant, il est assis à la droite du père, il est fidèle à sa Parole. Il avait prédit sa mort et sa résurrection le troisième jour. « Marc

9:31, 8:31, 10:34 ». L'ange présent au tombeau vide, Jésus est vivant, il n'est pas parmi les morts. Sa parole est immuable et ses prédictions sont accomplies : « Il n'est pas ici ; il est ressuscité, comme il l'avait dit » Matthieu 28:6. Amen !! Amen !! Amen !!

Par la mort et la résurrection de Christ, la rançon a été payée, le rachat a été accompli. Sa sainte lumière a éclairée l'humanité qui était sous l'ombre des ténèbres. Grace à l'œuvre de la croix, Christ a libéré de la puissance du péché et de la mort, tous ceux qui ont cru à son nom. L'enfer ne peut plus les réclamer, Satan n'a plus rien contre eux.

Cette grâce est encore disponible, tout homme ou toute femme peut être sauvé(e) en acceptant Jésus-Christ en qualité de seigneur et sauveur personnel(le) et son âme sera éclairée.

H. <u>LA CIRCONCISION DU CŒUR</u>

Après la mort et la résurrection du Seigneur Jésus-Christ, la loi du sacrifice du péché n'exige plus l'effusion du sang, mais la foi totale à Christ, **Galates 5 : 5 -6**. À partir de ce moment, le sacrifice devient un cœur brisé, un esprit repentant, et le dépouillement du corps de la Chair et ses convoitises. Rejetez loin de vous toutes les transgressions par lesquelles vous avez péché ; faites-vous **un cœur nouveau** et **un esprit nouveau**. Pourquoi mourriez-vous, maison d'Israël ? **Ézéchiel 18 :31.**

Vous avez tout pleinement en lui, qui est le chef de toute domination et de toute autorité. Et c'est en lui, que vous avez été circoncis d'une circoncision que la main n'a pas faite, **mais de la circoncision de Christ**, qui consiste dans le dépouillement du corps de la Chair :
Ayant été ensevelis avec lui par le Baptême, vous êtes aussi ressuscités en lui et avec lui, par la foi en la puissance de Dieu, qui l'a ressuscité des morts.
Vous qui étiez morts par vos offenses et par l'incirconcision de votre chair, il vous a rendus à la vie avec lui, en nous faisant grâce pour toutes nos offenses ; GALATES 2 :10 - 13
Le juif, ce n'est pas celui qui en a les dehors ; et la circoncision, ce n'est pas celle qui est visible dans la chair. Mais le juif, c'est celui qui l'est intérieurement ; et la circoncision, **c'est celle du cœur**, selon l'Esprit et

non selon la lettre. La louange de ce juif ne vient pas des hommes mais de Dieu. Romain 2 : 28- 29.

La circoncision du cœur est une action de l'Esprit, qui imprime la marque du Christ dans les cœurs des croyants et le sceau de l'Esprit qui est le signe de la nouvelle alliance et de l'appartenance des croyants à Christ.
Par la conformité à la mort du Christ et par la conformité à sa résurrection, au moyen du baptême en Jésus- Christ, les croyants deviennent **UNE MEME PLANTE AVEC CHRIST.** « **Romains 6 :3 – 7** »

Par la conformité à la mort du Christ et par la conformité à sa résurrection, au moyen du baptême en Jésus- Christ, le corps de croyant qui était semé corruptible est ressuscité incorruptible, semé méprisable est ressuscité glorieux, semé infirme est ressuscité plein de force, semé animal est ressuscité corps spirituel. 1 Corinthiens 15 : 42 -44. Ici, nous comprenons que par la circoncision du Christ, le croyant devient un être spirituel et homme fait et vivifié.
L'identification des croyants à Christ, par sa crucifixion, sa mort, son ensevelissement et sa résurrection leurs donnent le pouvoir de marcher en nouveauté de vie, les capacités tant spirituelles que physique de vaincre et de se séparer complètement des péchés qui habitaient en eux ; dans le vieil homme qui a été crucifié et le corps du péché qui a été détruit par la mort. **Romains 6 :3-12, Colossiens 2 :12-13.** Ils sont libres du péché, et les péchés ne peuvent donc plus régner et dominer en eux, dans son corps mortel pendant qu'il vit encore dans le siècle présent.

Désormais, Le corps de croyant est devenu une offrande agréée, un sacrifice vivant, saint, agréable à Dieu, les croyants doivent offrir leurs corps à Dieu.
Je vous exhorte donc, frères, par les compassions de Dieu, à offrir vos corps comme un sacrifice vivant, saint, agréable à Dieu, ce qui sera de votre part un culte raisonnable. Ne vous conformez pas au siècle présent, mais soyez transformés par le renouvellement de l'intelligence, afin que vous discerniez quelle est la volonté de Dieu, ce qui est bon et parfait.
Romains 12 :1- 2 ; 6 : 13

Plusieurs personnes se sont posé cette question comme vous. Néanmoins d'autres ont trouvées une réponse satisfaisante qui les ont conduit au salut et d'autres n'en ont pas trouvées et son égarées. Les fardeaux et la grandeur du péchés ont créés des doutes dans les cœurs des certains concernant leurs décisions d'accepter Jésus-Christ dans leurs vie en qualité de seigneur et sauveur. Or, le seigneur Jésus ne mettra jamais dehors ceux qui viennent à lui (Jean 6:37) ». Peu importe ce qui caractérise leur vie. Toutefois vous devrez comprendre certaines vérités fondamentales ainsi que les promesses de Dieu pour vous et pour tous ceux qui croient en Jésus-Christ.

I.   **QUELQUES VERITES FONDAMENTALES :**

➤ **Sans la foi, il est impossible d'être agréable à Dieu**

Or sans la foi il est impossible de lui être agréable; car il faut que celui qui s'approche de Dieu croie que Dieu existe, et qu'il est le rémunérateur de ceux qui le cherchent. Hébreux 11 :6

➤ **Dieu vous aime tant et cet amour est manifesté en Jésus-Christ**

Car Dieu a tant aimé le monde qu'il a donné son Fils unique, afin que quiconque croit en lui ne périsse point, mais qu'il ait la vie éternelle. Jean 3 :16.

➤ **Vous avez péché contre Dieu.**

Il est évident, que tous les hommes sont conçus dans les péchés et sont nés dans l'iniquité, pas de son propre gré mais à cause de la nature adamique corrompue et déchue qui est un héritage pour tous les humains dans la chair.

« C'est pourquoi, comme par un seul homme le péché est entré dans le monde, et par le péché la mort, et qu'ainsi la mort s'est étendue sur tous les hommes, parce que tous ont péché » ROMAIN 5 :12

« Voici, je suis né dans l'iniquité, Et ma mère m'a conçu dans le péché. » PSAUME 51 :7

« Car tous ont péché et sont privés de la gloire de Dieu » ROMAINS 3 :23

➢ **La pénalité du péché, c'est la mort.**

Car le salaire du péché, c'est la mort ; mais le don gratuit de Dieu, c'est la vie éternelle en Jésus-Christ notre Seigneur. **Romains 6 :23**

La mort est l'arrêt définitif des fonctions vitales. C'est aussi une séparation de l'homme de la source de ses ressources. Il existe plusieurs sortes des morts, parmi lesquelles nous citons **:**

a) **Mort physique** qui est une séparation de trois composants de l'être humain (corps, âme et esprit).

b) **Mort spirituelle** qui est la rupture de la communion entre l'homme avec son créateur Dieu. La mort spirituelle amène la mort physique.

c) **Mort éternelle ou la seconde mort** est la séparation éternelle et définitive de l'homme avec Dieu. La mort éternelle conduit les âmes En enfer, le lieu de tourment sans fin.

La séparation de l'homme avec Dieu crée une crise spirituelle qui engendre d'autres crises sur tous les domaines de la vie de l'homme, notamment : la crise sanitaire, la crise économique, la crise financière, la crise matérielle et tant d'autres…

➢ **Christ est votre substitut, sans péché.**

Jésus-Christ est mort à votre place.

Mais Dieu prouve son amour envers nous, en ce que, lorsque nous étions encore pécheurs, Christ est mort pour nous. **Romains 5 :8**

Christ aussi a souffert une fois pour les péchés, lui juste pour les injustes, afin de nous amener à Dieu, ayant été mis à mort quant à la chair, mais ayant été rendu vivant quant à l'Esprit, **1Pierre 3 :18**

II.   <u>PROMESSES DE DIEU POUR VOUS</u>

Le seigneur a fait des promesses merveilleuses Pour tout celui qui est prêt avec un cœur bien disposé de se soumettre totalement à Christ et de le recevoir en qualité de Seigneur et Sauveur.

✓ **Le pardon de tes péchés**

Après une repentance sincère on obtient le pardon des péchés et on devient une nouvelle créature. Le pardon des péchés obtenu ouvre maintenant la porte à une vie glorieuse et victorieuse avec Dieu par jésus.

Il faut avoir la foi que Dieu vous a déjà pardonnée selon sa parole.

Tous les prophètes rendent de lui (Jésus-Christ) le témoignage que quiconque croit en lui reçoit par son nom le pardon des péchés. **Actes 10:43**

Or, afin que vous sachiez que le Fils de l'homme a sur la terre le pouvoir de pardonner les péchés: **Marc 2:10**

Si nous confessons nos péchés, il est fidèle et juste pour nous les pardonner, et pour nous purifier de toute iniquité. **1Jean 1:9**

✓ **Dieu t'échappe de jugement de tes péchés**

Celui qui croit en lui n'est point jugé; mais celui qui ne croit pas est déjà jugé, parce qu'il n'a pas cru au nom du Fils unique de Dieu. **Jean 3:18**

✓ **La vie éternelle**

Car Dieu a tant aimé le monde, qu'il a donné son Fils unique, afin que quiconque croit en lui ne périsse point, mais qu'il ait la vie éternelle. Jean 3 :16

En vérité, en vérité, je vous le dis, celui qui écoute ma parole, et qui croit à celui qui m'a envoyé, à la vie éternelle et ne vient point en jugement, mais il est passé de la mort à la vie. **Jean 5:24**

✓ **Le don du Saint-Esprit**

Pierre leur dit: Repentez-vous, et que chacun de vous soit baptisé au nom de Jésus Christ, pour le pardon de vos péchés; et vous recevrez le don du Saint Esprit.

Actes 2:38

En lui vous aussi, après avoir entendu la parole de la vérité, l'Évangile de votre salut, en lui vous avez cru et vous avez été scellés du Saint Esprit qui avait été promis, lequel est un gage de notre héritage, pour la rédemption de ceux que Dieu s'est acquis, à la louange de sa gloire. **Éphésiens 1:13-14**

✓ **La Bénédiction divine**

Tout enfant de Dieu a droit à la bénédiction divine : La guérison divine, la maternité, la prospérité financière et matérielle, l'élévation, la victoire dans les combats spirituels, la bonne santé etc...

III. <u>**CONDITIONS POUR ETRE SAUVE**</u>

1ere Condition : <u>IL FAUT CROIRE AU SEIGNEUR JESUS-CHRIST</u>

Partout dans la Parole de Dieu, la doctrine du salut est claire qu'on obtient le salut par la foi en Jésus-Christ seul. Le Salut est un don que Dieu offre en Jésus-Christ. Aucun autre nom dans les cieux et/ou sur la terre, aucune personne, aucune cérémonie, aucune pratique, ni offrande quelconque ne peut vous sauver, encore moins aucune   bonne œuvre que vous puissiez faire ne peut vous sauver.

   Veux-tu être sauvé ? Crois au seigneur Jésus-Christ et sois baptisé à son nom et tu seras sauvé. Marc 16 :15

Si tu confesses de ta bouche le Seigneur Jésus, et si tu crois dans ton cœur que Dieu l'a ressuscité des morts, tu seras sauvé. Car c'est en croyant du cœur qu'on parvient à la justice, et c'est en confessant de la bouche qu'on parvient au salut...Car quiconque invoquera le nom du Seigneur sera sauvé. Romains 10 :9-10, 13

« Car c'est par la grâce que vous êtes sauvés, par le moyen de la foi. Et cela ne vient pas de vous, c'est le don de Dieu. Ce n'est point par les œuvres, afin que personne ne se glorifie. » Éphésiens 2 :8-9

Alors le geôlier, ayant demandé de la lumière, entra précipitamment, et se jeta tout tremblant aux pieds de Paul et de sillas; il les fit sortir, et dit: Seigneurs, que faut-il que je fasse pour être sauvé?   Paul et sillas répondirent: Crois au Seigneur Jésus, et tu seras sauvé, toi et ta famille. **Actes 16:29-31 29**

Point de prière :

Seigneur Jésus-Christ, merci pour l'œuvre que tu as accomplie sur la croix pour mon salut, moi... Je reconnais que je suis pécheur de par ma nature et je renonce à Satan et aux péchés, je te prie seigneur jésus par ta grâce d'avoir pitié de moi, de pardonner mes péchés et mes iniquités. Sanctifie mon être par ton sang précieux, J'ouvre les portes de mon cœur, entre en moi et règne pour toujours. Je te reçois aujourd'hui en qualité de mon seigneur et sauveur personnel. Accorde-moi ton Esprit-Saint pour me guider dans toute la vérité. Merci pour le salut de mon âme. Désormais je suis devenu ton enfant et héritier de la promesse. Amen !!! Amen !!! Amen !!! Amen !!!

Si tu as fait cette prière avec foi et sincérité du cœur, Maintenant tu es devenu réellement enfant de Dieu, Né de l'Esprit. Tu n'es plus étranger dans la cité céleste mais héritier de la promesse, tu as désormais droit à la Bénédiction divine. Tu peux maintenant Réclamer ta Bénédiction divine, ta guérison divine, ta maternité, la prospérité divine au nom puissant et glorieux du seigneur Jésus-Christ votre nouveau père et maître.

NB : Que cette prière ne soit pas considérée comme une simple récitation mais l'expression profonde d'une âme qui veut se réconcilier avec Dieu pour son salut. Si vous sentez que vous n'avez pas fait cette prière avec foi, vous pouvez la recommencer.

2eme Condition : <u>IL FAUT VOUS REPENTIR DE VOS PECHES</u>

Pour vous repentir, vous devez prendre conscience et reconnaitre votre état de pécheur en éprouvant un regret et douleur profonde dans ton cœur et dans ton âme pour avoir été l'ennemi de Dieu. Cette prise de conscience doit vous amener à prendre une bonne décision par une immense modestie de renoncer aux œuvres mortes de la chair, de rejeter votre péché, votre incroyance, et les croyances religieuses que vous avez eues avant, et de vous tourner à Christ seul en qualité de votre Seigneur et Sauveur personnel.

Repentez-vous donc et convertissez-vous, pour que vos péchés soient effacés, afin que des temps de rafraîchissement viennent de la part du Seigneur. **Actes 3 :19**
Le temps de rafraichissement est le temps de consolation, de la visitation divine et le temps de restauration de l'âme de la part du seigneur Jésus-Christ au travers du Saint-Esprit. Plusieurs personnes attendent et cherchent ce temps malheureusement ils ne peuvent pas l'expérimenté faute d'une repentance sincère et conversion réelle.
Le temps de rafraichissement est aussi le temps du repos du seigneur réservé aux véritables croyants.

- ✓ Il disait: Le temps est accompli, et le royaume de Dieu est proche. Repentez-vous, et croyez à la bonne nouvelle. **Marc 1:15**

Le royaume de Dieu est le gouvernement céleste que Dieu a établi au ciel pour tous ceux qui ont manifestés la foi à la bonne nouvelle, l'évangile du salut du seigneur Jésus-Christ.

- ✓ Dis-leur donc: Ainsi parle l'Éternel des armées: Revenez à moi, dit l'Éternel des armées, et je reviendrai à vous, dit l'Éternel des armées. **Zacharie 1:3**

Dieu est prêt à nous pardonner et rétablir des nouvelles relations d'intimité en nous donnant le statut de ses enfants et de son peuple. Toutefois cela ne peut être possible que par la foi en Jésus-Christ qui est l'unique et le véritable chemin, la vie et la vérité.

- ✓ Maintenant encore, dit l'Éternel, Revenez à moi de tout votre cœur, Avec des jeûnes, avec des pleurs et des lamentations! 13 Déchirez vos cœurs et non vos vêtements, Et revenez à l'Éternel, votre Dieu; Car il est compatissant et miséricordieux, Lent à la colère et riche en bonté, Et il se repent des maux qu'il envoie. **Joël 2:12-13**

En revenant à Dieu de tout votre cœur, de toute votre âme et de tout votre corps, vous bénéficierez de sa compassion ; sa miséricorde et sa bonté. Sachons que la bonté de Dieu nous rend éligible à sa bénédiction.

A. Les caractéristiques d'une bonne repentance

1) La confession

Confessez donc vos péchés les uns aux autres, et priez les un pour les autres, afin que vous soyez guéris. La prière fervente du juste a une grande efficacité. **Jacques 5 :16**

La confession est un acte puissant par lequel l'homme avoue et déclare ses péchés devant un serviteur de Dieu. Il y a certains péchés qui exigent la confession pour être pardonnés. Il ne faut jamais s'amuser à cacher même un seul péché. Le péché qui reste caché dominera sur vous et sera une occasion de chute de votre foi chrétienne, il bloquera l'action de l'esprit dans votre vie et vous empêchera de vivre pleinement les merveilles de Dieu.

Le manque de sincérité en ce qui concerne la confession lors d'entretien pastoral a toujours été à la base des résistances des démons ou des certaines maladies pendant les services des délivrances. N'oublions pas que l'arme puissante de Satan est le mensonge. D'ailleurs, il est le père des mensonges et on ne peut pas combattre Satan avec sa propre arme, ainsi donc nous dévons utiliser l'arme la plus puissante de Dieu qui est la vérité.

La confession sincère vous libère de la culpabilité. Même La guérison divine est aussi conditionnée par la confession, malheureusement elle devient très rare dans l'Église.

2) La conversion

On ne peut pas parler de la vraie repentance sans la conversion. Celui qui parvient à la connaissance de la vérité et qui passe par la repentance doit changer de direction de navire de sa vie en changeant aussi le Maitre. Désormais, il fait de Jésus-Christ son nouveau maître et du Saint-Esprit le nouveau conducteur de sa vie.

Ne soyez pas comme le chien qui retourne à ce qu'il a vomi.

Il faut désormais marcher en nouveauté de vie pour plaire à Dieu.

« Repentez-vous donc et convertissez-vous, pour que vos péchés soient effacés, afin que des temps de rafraîchissement viennent de la part du Seigneur. » **Actes 3 :19**

3) La restitution

Dans certains cas, la personne convertie doit rendre les objets, biens, droit, etc… qu'elle détient injustement car il n'y a plus lieu d'en retenir. Il faut remettre les gens dans leurs droits qui leur avaient été privés injustement.

Exemple de Zachée dans **LUC 19 :8-9**

Nb : Ici, il faut toujours demander à Dieu la sagesse. Il est préférable de le faire sous la conduite et l'orientation du pasteur.

4. La réparation

Vous devez désormais réparer ce que vous avez endommagé. Corriger les erreurs commises. Christ vous a réconcilié avec le père et a établi des nouvelles relations entre toi et Dieu. « **2 Corinthiens 5 :17- 19** ». Étant réconcilié avec Dieu, Vous devez, vous réconcilié aussi avec les hommes. Pardonner ceux qui vous ont offensés, et chercher ceux dont, vous avez offensés pour demander pardon. Vous devez rechercher la paix avec tous. Vous êtes désormais le canal par lequel Dieu passera pour amener l'unité et la paix entre les hommes.

5. Destruction des objets magiques, renversement des autels maléfiques et des idoles

Tout celui qui a réellement cru au Fils unique de Dieu, qui a changé le maître de sa vie et qui a connu la lumière doit se débarrasser et détruire tous les objets magiques et renverser tous les autels maléfiques et les idoles auxquels il dépendait.

Plusieurs de ceux qui avaient cru venaient confesser et déclarer ce qu'ils avaient fait. Et un certain nombre de ceux qui avaient exercé les arts magiques, ayant apporté leurs livres, les brûlèrent devant tout le monde : on en estima la valeur à cinquante mille pièces d'argent.   Actes 19 :18- 19.

3eme Condition : <u>IL FAUT NAITRE DE NOUVEAU</u>

La nouvelle naissance est un mot de passe qui actionne le système et le dispositif exécutoires de l'accomplissement du salut. Vous pouvez vous poser la question: « Comment puis-je naître de nouveau ? Ou alors vous avez pris la bonne décision de naitre de nouveau : « mais comment y parvenir ? » Tu n'es pas la première personne car Nicodème avait posé cette même question au seigneur. Nicodème étonné, lui demandât : « Comment un homme peut-il naître quand il est vieux ? Peut-il entrer dans le sein de sa mère et naître ? » Jésus lui répond : « En vérité, en vérité, je te dis, Si un homme ne naît **d'eau** et d'**Esprit**, il ne peut entrer dans le royaume de Dieu ».

A. LA NAISSANCE DE L'ESPRIT OU LE BAPTEME DE LA REGENERATION

Jésus lui répond : « En vérité, en vérité, je te dis, Si un homme ne naît **d'eau** et d'**Esprit**, il ne peut entrer dans le royaume de Dieu ». Ce qui est né de la chair, est chair, et ce qui est né de l'Esprit est Esprit. « **Jean 3 :5-6 ».** C'est l'Esprit qui vivifie ; la chair ne sert de rien. Les paroles que je vous ai dites sont Esprit et Vie. « **Jean 6 :63 ».** Ces passages montrent clairement que le seigneur parlait de « l'eau » pour symboliser **sa**

« **Parole** » qui ne pas à confondre avec le baptême d'eau que nous allons voir plus tard.

Les Saintes Écritures déclarent : « il nous a engendrés selon sa volonté, par **la parole de vérité,** afin que nous soyons en quelque sorte les prémices de ses créatures, **Jacques 1:18** ».   Elle parle aussi dans le même sens dans le premier Épitre de **PIERRE 1:23**: « **Vous avez été régénérés**, non par une semence corruptible, mais par une semence incorruptible, **par la parole vivante** et permanente de Dieu ».

Et ensuite dans **Jean 15:3,** le Seigneur lui-même dira : « vous êtes déjà purs, **à cause de la parole** que je vous ai dite ».

Le Baptême de la régénération se fait dans l'être intérieur, ou dans l'esprit de croyant, par le Saint-Esprit. **Tite 3 :5,**

La naissance de l'esprit se fait lors de votre confession de foi sincère en Jésus-Christ c'est-à-dire après avoir entendu la parole de la vérité, Et que vous avez réellement cru en Jésus-Christ notre sauveur par l'Évangile du salut, vous êtes scellés du saint Esprit, qui a déjà commencé son œuvre dans votre vie au travers de la parole de Dieu.

« En lui vous avez aussi, après avoir entendu la parole de la vérité, l'Évangile de votre salut, en lui vous avez cru et vous avez été scellés du saint Esprit qui avait été promis, lequel est un gage de notre héritage, pour la rédemption de ceux que Dieu s'est acquis, à la louange de sa gloire. » Éphésiens 1 :13-14

« N'attristez pas le Saint Esprit de Dieu, par lequel vous avez été scellés pour le jour de la rédemption. » Éphésiens 4:30

Le baptême de la régénération est une nouvelle création, c'est aussi un acte spirituel par lequel le Saint Esprit vivifie notre être intérieur dans un corps mortel. La régénération n'est pas une œuvre de l'homme, C'est une opération puissante et surnaturelle du Saint Esprit qui se fait de manière discrète et calme dans le cœur de l'homme.

Celui qui est régénéré reçoit un cœur nouveau et une nouvelle nature.

Par la régénération le Saint Esprit construit le temple qui sera très prochainement une habitation de Dieu en esprit et sa propre demeure.

Par la régénération nous recevons la nature de Dieu. Le Saint-Esprit certifie dans le cœur de celui qui est régénéré qu'il est l'enfant de Dieu.

« Et parce que vous êtes fils, Dieu a envoyé dans nos cœurs l'Esprit de son Fils, lequel crie : Abba ! Père ! » **Galates 4 : 6**

Le Saint-Esprit vit dans le cœur de celui qui est régénéré ; Romain 8 :9 ; 1 Corinthiens 6 :19.

Être né de l'Esprit est principalement pour le bien de celui qui est né de nouveau, qui bénéficie de la vie éternelle. Lorsqu'une personne est née de l'Esprit, elle devient un réservoir du Saint-Esprit.

1. Les signes qui montrent que quelqu'un est régénéré

Les fruits de l'esprit est le premier signe qui témoigne la régénération.

« Mais les fruits de l'Esprit c'est l'amour, la joie, la paix, la patience, la bonté, la bénignité, la fidélité, la douceur, la tempérance » **Galates 5 : 22**

Le simple fait que quelqu'un soit né de l'Esprit ne garantit pas qu'il soit pour autant baptiser du Saint-Esprit.

2. La différence entre baptême de la régénération ou Naissance de l'Esprit et le baptême du Saint-Esprit

Naître de l'Esprit et être baptisé du Saint-Esprit sont deux évènements et deux expériences distincts.

La notion de l'appel au salut et l'appel au ministère, explique clairement cette distinction. Les deux appels sont l'œuvre du Saint esprit dans l'homme mais opérer de manière séparée et différente. Par l'appel au salut, il va convaincre l'homme en ce qui concerne le péché et la justice de Dieu tandis que par l'appel au ministère, il met les fardeaux dans le cœur de croyant pour le service de Dieu et lui donne les capacités spirituelles pour accomplir cette mission.

Par exemple : Matthieu 1 :20 nous parle de Notre seigneur Jésus qui fut conçu dans le sein de Marie par la puissance du Saint Esprit et qui était aussi effectivement né de l'Esprit. Il était également baptisé du Saint-Esprit lors de son baptême au Jourdain, juste avant de débuter Son ministère « Matthieu 3 :16 ». Par cette dernière expérience, il fut amené par l'Esprit à la montagne pour être équipé pour le ministère.

B. BAPTEME D'EAU

Étymologie du mot baptême

Le mot baptême vient du grec « **Baptisma** » qui signifie immersion, submersion.

Le baptême d'eau est un acte d'engagement fort qui marque nos premiers pas dans la foi chrétienne. Regardons encore l'ordre suprême du Seigneur Jésus-Christ dans l'évangile de **Marc 16 :15**

Et dans **Matthieu 28:18-20** Jésus, s'étant approché, leur parla ainsi: Tout pouvoir m'a été donné dans le ciel et sur la terre. Allez, faites de toutes les nations des disciples, les baptisant au nom du Père, du Fils et du Saint-Esprit, 20 et enseignez-leur à observer tout ce que je vous ai prescrit. Et voici, je suis avec vous tous les jours, jusqu'à la fin du monde.

1. Descriptions du concept du baptême

Le baptême est un acte public par lequel un croyant déclare sa foi en Christ. La nature du baptême est qu'il est ouvert et ne peut-être caché. Le nombre minimum est de deux personnes c'est-à-dire le baptisé et le baptisant. Toutefois, il est important que cet acte soit faite devant plusieurs personnes, notamment : les membres de l'église, les membres de la famille, les amies et/ou d'autres personnes, qui serviront des témoins.

Le baptême doit se donner **« au nom de Jésus-Christ »** Formule par révélation. Il est à noter que **« au nom du Père, du Fils et du Saint-Esprit »** est une formule par recommandation qui n'est pas mauvaise. Le seigneur voulait justement par cette expression importante nous enseigner que le baptême est **:**

> Un engagement de bonne conscience ;
> Une identification à la mort et la résurrection du seigneur Jésus ;
> Un témoignage de la foi en Christ ;
> Une déclaration aux autres que vous êtes disciple de Jésus-Christ et qu'il est votre Maître ;
> Le Baptême est une identification publique et un témoignage ouvert que Jésus-Christ est votre Seigneur et Sauveur.

Le baptême signifie la mort à notre ancienne vie et la résurrection dans une nouveauté de vie. Nous avons été ensevelis par le baptême en la mort de Jésus afin que comme Christ est ressuscité des morts, nous aussi nous marchions en nouveauté de vie **(Romains 6.3-4)**.

2. Qui peut être baptisé ?

Voici quelques préalables avant d'engager les services de baptême :
- ✓ Tout celui qui est passé par la déclaration verbale de foi sous l'assistance d'un pasteur, ou tout autre enfant de Dieu né de l'eau et de l'esprit ;
- ✓ Tout celui qui prend l'engagement sincère devant Dieu et devant l'Église ;
- ✓ Tout celui qui est passé par la repentance sincère (la confession, la conversion, la restitution, la réparation et/ou la Destruction….)
- ✓ Celui qui veut se faire baptiser doit avoir l'âge de la conscience ;

3. Qui peut baptiser ?

Le ministre de Dieu. Toutefois il peut déléguer Tout chrétien né de nouveau fidèle, modèle en conduite, sobres.   Il est préférable de le choisir parmi les anciens.

4. Quels sont les cas où on peut refuser le baptême à quelqu'un ?

Dans les cas suivants on peut refuser l'eau du baptême :
- Ne baptisez pas un bébé ;
- Ne baptisez pas une personne forcée ;
- Ne baptisez pas sans la conviction de l'esprit ;
- Ne baptisez pas quelqu'un qui refuse de passer par la repentance sincère ;
- Ne baptisez pas celui qui n'a pas suivi l'enseignement sur le Baptême, sauf dans le cas particulier ou sur une recommandation divine.

C. LE BAPTEME DU SAINT-ESPRIT.
1. SAINT ESPRIT

Le Saint-Esprit est la troisième personne de la divinité. Il est égal au Fils et au père. Il est aussi appelé :
- Esprit de réconciliation
- Esprit de force et d'autorité
- Esprit de sagesse et d'intelligence, **Exode 31 : 3**
- Esprit d'amour, de joie, de paix, de patience, de bonté, de bénignité, de fidélité, **Galates 5 : 22**
- Esprit consolateur,
- Esprit de vie....

Nous devons être remplis du Saint-Esprit, revêtus de sa puissance qui nous fortifie dans notre marche dans la vie chrétienne car la force de notre vie chrétienne dépend du Saint-Esprit, la force de notre foi en Christ et à ses promesses dépend du Saint-Esprit. La force de notre amour pour Dieu et pour nos prochains dépend du Saint-Esprit. La force de notre sanctification, de notre espérance, de notre témoignage, dépend du Saint-Esprit.

« Afin qu'il vous donne, selon la richesse de sa gloire, d'être puissamment fortifiés par son Esprit dans l'homme intérieur, » **Éphésiens 3 : 16**.

Le Saint-Esprit est l'esprit de la rédemption. Il est venu achever l'œuvre du rachat en venant habiter en nous les rachetés pour nous rendre semblables à Jésus en nous unissant à Lui. Le Saint Esprit maintient l'âme dans une communion ininterrompue avec Christ qui est la vie et permet aux chrétiens de marcher par l'Esprit au détriment de la chair. Nous lisons : « Marchez par l'Esprit, et vous n'accomplirez point la convoitise de la chair » Gal. 5:16

2. Baptême du Saint-Esprit

Quiconque est né de nouveau doit expérimenter l'autre œuvre du Saint-Esprit qui est le baptême du Saint-Esprit. Le baptême du Saint-Esprit est une expérience individuelle.

Par le baptême du Saint-Esprit, chaque croyant est greffé dans le corps du Christ. Le Saint-Esprit fait entrer le croyant en communion avec Christ et avec les autres croyants dont chaque croyant devient un membre qui doit jouer un rôle pour le bien commun.

Car, comme le corps est un et a plusieurs membres, et comme tous les membres du corps, malgré leur nombre, ne forment qu'un seul corps, ainsi en est-il de Christ. Nous avons tous, en effet, été baptisés dans un seul Esprit, pour former un seul corps, soit Juifs, soit Grecs, soit esclaves, soit libres, et nous avons tous été abreuvés d'un seul Esprit. Ainsi le corps n'est pas un seul membre, mais il est formé de plusieurs membres. 1 Corinthiens 12:12-14 »

Le Saint-Esprit met dans le cœur du croyant qui vient d'être baptisé un fardeau pour le service de Dieu et pour l'intérêt des autres membres du corps. Tout croyant doit donc espérer à parler en langues quand il reçoit le baptême du Saint-Esprit.

- ✓ Mais vous recevrez une puissance, le Saint Esprit survenant sur vous, et vous serez mes témoins à Jérusalem, dans toute la Judée, dans la Samarie, et jusqu'aux extrémités de la terre. **Actes 1:8**
- ✓ Et ils furent tous remplis du Saint Esprit, et se mirent à parler en d'autres langues, selon que l'Esprit leur donnait de s'exprimer. **Actes 2:4**

Si la régénération se fait d'une manière simple, douce et calme dans le cœur, le baptême du Saint-Esprit se fait souvent de manière spectaculaire et remarquable par des signes visibles tels que parler en langues, les miracles, les bruits etc....

Les croyants choisis par Dieu pour lui servir dans l'Église doivent être pleins d'Esprit-Saint et de sagesse, afin d'être capables de remplir cette fonction. Il n'y a aucune raison de penser qu'il n'est pas de la volonté de Dieu que nous les chrétiens soyons baptisés du Saint-Esprit.

3. Comment être Baptisé du Saint-Esprit ?

Le baptême du Saint-Esprit n'est possible, premièrement qu'à ceux qui sont nés de nouveau, Dieu doit être votre Père car les promesses de Dieu ne sont réservées qu'à ses enfants. Deuxièmement, à ceux qui croient à cette promesse. Tout comme les autres dons de Dieu, le baptême du Saint-Esprit s'obtient par la foi. La foi de recevoir se libère lorsque le croyant est convaincu que c'est la volonté de Dieu de voir Ses enfants expérimenter le baptême du Saint-Esprit. Les incertitudes à cette vérité ou les doutes dans le cœur de l'homme constituent un obstacle au baptême du Saint-Esprit.

On peut recevoir le baptême du Saint-Esprit par :

❖ Par La souveraineté de Dieu

Par l'autorité suprême et absolue de Dieu, il agit par sa bonté sans tenir compte des règles ou des principes. Il fait grâce à qui, il veut. C'est une prérogative absolue. Nous allons voir quelques cas ou Dieu a baptisé les gens du Saint esprit sans que ces derniers présentent un désir ni en demander par la prière.

- ✓ Et Dieu, qui connait les cœurs, leur a rendu témoignage, en leur donnant le Saint-Esprit comme nous ; il n'a fait aucune différence entre nous et eux, ayant purifié leurs cœurs par la foi. **Actes 15 :8-9**
- ✓ Comme Pierre prononçait encore ces mots, le Saint-Esprit descendit sur tous ceux qui écoutaient la parole. Tous les fidèles circoncis qui étaient venu avec Pierre furent étonnés de ce que le don du Saint-Esprit était aussi répandu sur les païens. Car ils les entendaient parler en langues et glorifier Dieu.
  Actes 10 :44-46

❖ Par l'Imposition des mains

Ceux qui ont reçu le baptême du Saint-Esprit doivent prier pour que d'autres le reçoivent à leur tour. Dans le livre des actes des Apôtres nous voyons plusieurs cas ou les Apôtres ont priés pour ceux qui avaient reçu la parole et qui avaient cru afin qu'ils reçoivent le Saint-Esprit:

- ✓ Apôtres Pierre et Jean imposèrent les mains aux disciples de Samarie qui avaient déjà reçu la Parole de Dieu et avaient cru en se faisant baptiser par Philippe, afin qu'ils reçoivent le Saint-Esprit.
  Ceux-ci, arrivés chez les Samaritains, prièrent pour eux, afin qu'ils reçussent le   Saint-Esprit. Car il n'était encore descendu sur aucun d'eux ; ils avaient seulement été baptisés au nom du seigneur Jésus. Alors Pierre et Jean leur imposèrent les mains, et ils reçurent le Saint-Esprit. **Actes 8 :15- 17**
- ✓ Apôtre Paul imposait les mains également aux disciples d'Éphèse, après qu'ils furent baptisés d'eau au nom de Jésus:
  Sur ces paroles, ils furent baptisés au nom du seigneur Jésus. Lorsque Paul leur eut imposé les mains, le Saint-Esprit vint sur eux, et ils parlaient en langues et prophétisaient. **Actes 19 :5- 6**

✓ Timothée avait reçu le don du Saint-Esprit par l'imposition des mains de l'apôtre Paul.

C'est pourquoi je t'exhorte à ranimer le don de Dieu que tu as reçu par l'imposition de mes mains. Car ce n'est pas un esprit de timidité que Dieu nous a donné, mais un esprit de force, d'amour et de sagesse. **2 Timothée 1 : 6-7**

❖ **Quand on demande par la prière**

Si donc, méchants comme vous l'êtes, vous savez donner de bonnes choses à vos enfants, à combien plus forte raison le Père céleste donnera-t-il le Saint-Esprit à ceux qui le lui demandent. **Luc 11 : 13**

4. Comment Être rempli du Saint-Esprit ?

On est baptisé de l'Esprit qu'une seule fois. Cependant, nous dévons désirer et chercher la plénitude du Saint-Esprit chaque jour pour servir efficacement et surtout pour rester en bonne santé spirituelle.

« Quand ils eurent prié, le lieu où ils étaient assemblés trembla; ils furent tous remplis du Saint Esprit, et ils annonçaient la parole de Dieu avec assurance. » **Actes 4:31**

Pour être rempli du Saint Esprit il faut :

- ❖ Il faut passer par le baptême de la régénération ;
- ❖ Il faut être au préalable baptisé du Saint Esprit ;
- ❖ Il faut demander à Dieu par de jeûne et prière ;
- ❖ Il faut avoir une vie de sanctification ;
- ❖ Il faut travailler dans l'œuvre de Dieu ;

Pour relever le défi de la puissance et opérer dans les surnaturels, il faut impérativement être rempli du Saint Esprit.

VOICI CEUX QUI ONT ACCOMPLIS CERTAINS ACTES DE PUISSANCE APRES AVOIR ETE SAISIS, REMPLIS, OINTS DU SAINT-ESPRIT ET REVETUS DE SA PUISSANCE.

1. Quelques exemples dans l'ancienne alliance

Josué, fils de Nun, était rempli de l'esprit de sagesse, car Moïse avait posé ses mains sur lui. Les enfants d'Israël lui obéirent, et se conformèrent aux ordres que l'Éternel avait donnés à Moïse. **Deutéronome 34 : 9**

Je l'ai rempli de l'Esprit de Dieu, de sagesse, d'intelligence, et de savoir pour toutes sortes d'ouvrages, je l'ai rendu capable de faire des inventions, de travailler l'or, argent et l'airain, **Exode 31 : 3-4**

L'esprit de l'Éternel te saisira, tu prophétiseras avec eux, et tu seras changé en un autre homme. Lorsque ces signes auront pour toi leur accomplissement, fais ce que tu trouveras à faire, car Dieu est avec toi.
1 Samuel 10 : 6
Lorsqu'ils arrivèrent à Guibea, voici, une troupe de prophètes vint à sa rencontre. L'esprit de Dieu le saisit, et il prophétisa au milieu d'eux.
1 Samuel 10 : 10

L'Éternel descendit dans la nuée, et parla à Moïse; il prit de l'esprit qui était sur lui, et le mit sur les soixante-dix anciens. Et dès que l'esprit reposa sur eux, ils prophétisèrent; mais ils ne continuèrent pas. **Nombres 11 : 25**
Il est à noter que jusqu'ici le seigneur n'a pas encore répandu le Saint Esprit promis dans Joël 2. Mais l'Esprit de Dieu descendait sur les Prophètes, les Rois, les sacrificateurs ou sur certaines catégories des personnes, dans des circonstances données.   Néanmoins, ces expériences décrites dans les Écritures, expliquaient ce que signifiait le revêtement de la puissance du Saint-Esprit, car elles se manifestaient de manière isolées et non permanente ainsi donc ces expériences ne sont pas les fruits du « baptême du Saint-Esprit ».

2. Quelques exemples de ceux qui étaient remplis du Saint-Esprit dans la nouvelle alliance

Les Disciples remplis du Saint-Esprit, revêtus de sa puissance, oints de son onction, accomplissaient des actes de puissance ou de bravoure qui étaient devenus objets d'étonnement de tous les peuples.
Les Saintes écritures donnent des nombreux exemples des prodiges, des miracles, des guérisons, l'autorité sur les puissances démoniaques, des révélations divines, des visions, des songes, l'inspiration divine : la prophétie, les parler en langues et leur interprétation...
Tout chrétien rempli du Saint-Esprit aujourd'hui peut expérimenter ces choses car Jésus-Christ est le même hier, aujourd'hui et éternellement.

- ✓ Ne vous enivrez pas de vin : c'est de la débauche. Soyez, au contraire, remplis de l'Esprit; **Éphésiens 5 : 18**
- ✓ Mais vous recevrez une puissance, le Saint-Esprit survenant sur vous, et vous serez mes témoins à Jérusalem, dans toute la Judée, dans la Samarie, et jusqu'aux extrémités de la terre. **Actes 1 : 8**
- ✓ Et ils furent tous remplis du Saint-Esprit, et se mirent à parler en d'autres langues, selon que l'Esprit leur donnait de s'exprimer. **Actes 2 : 4**
- ✓ Ananias sortit; et, lorsqu'il fut arrivé dans la maison, il imposa les mains à Saul, en disant : Saul, mon frère, le Seigneur Jésus, qui t'est apparu sur le chemin par lequel tu venais, m'a envoyé pour que tu recouvres la vue et que tu sois rempli du Saint-Esprit. **Actes 9 : 17**
- ✓ Alors Saul, appelé aussi Paul, rempli du Saint-Esprit, fixa les regards sur lui,

  Actes 13 : 9. Ce passage confirme que Paul était effectivement rempli du Saint-Esprit qui lui permettrait de discerner et de comprendre ce qui était réellement la nature de l'homme, le magicien. Le Saint-Esprit nous aide à comprendre la nature et l'esprit qui anime ceux qui sont autour de nous.
- ✓ Quand ils eurent prié, le lieu où ils étaient assemblés trembla; ils furent tous remplis du Saint Esprit, et ils annonçaient la parole de Dieu avec assurance. Actes 4:31

4eme Condition : <u>IL FAUT GARDER L'HUILE ET LA LAMPE ALLUMÉE</u>

Après avoir rempli les conditions citées ci-hauts, il vous faut garder le Saint-Esprit jusqu'à la dernière seconde de votre vie sur la terre. Pour ceux qui vivront jusqu'à l'enlèvement, ils doivent maintenir le Saint Esprit en eux jusqu'à ce jour glorieux.

A. Peut-on perdre le salut déjà obtenu ?

La réponse est « **OUI** ». Examinons quelques passages suivants :

- ✓ **1Conrithiens 9 :27** Mais je traite durement mon corps et le tiens assujetti, de peur d'être moi-même rejeté, après avoir prêché aux autres.

- ✓ **Matthieu 24 : 10-13. 10** Alors plusieurs succomberont, et ils se trahiront, se haïront les uns les autres. **11** Plusieurs faux prophètes s'élèveront, et ils séduiront beaucoup de gens. **12** Et, parce que l'iniquité se sera accrue, la charité du plus grand nombre se refroidira. **13** Mais celui qui persévérera jusqu'à la fin sera sauvé.
- ✓ **1Conrithiens 1 :8** Il vous affermira aussi jusqu'à la fin, pour que vous soyez irréprochables au jour de notre Seigneur Jésus Christ.

Car, si nous péchons volontairement après avoir reçu la connaissance de la vérité, il ne reste plus de sacrifice pour les péchés, mais une attente terrible du jugement et l'ardeur d'un feu qui dévorera les rebelles. **Hébreux 10 :26 – 27 ; 35- 39.**

Car il est impossible que ceux qui ont été une fois éclairés, qui ont gouté le don céleste, qui ont eu part au Saint-Esprit, qui ont goûté la bonne parole de Dieu et les puissances du siècle à venir, qui sont tombés, soient encore renouvelés et amenés à la repentance, puisqu'ils crucifient pour leur part le Fils de Dieu et l'exposent à l'ignominie. **Hébreux 6 :4-6 ; Romains 6 : 22** La lumière de ces écritures prouve en suffisance que ceux qui vivent selon la chair mourront bien qu'ayant cru, baptisés d'eau et d'esprit.

B. Que faire pour garantir le salut obtenu ?

Le salut est tellement précieux qu'il faut le protéger jalousement. Ainsi, il faut :

- ✓ Garder le Saint-Esprit et rester sous sa conduite; « Romains 8:13-14
- ✓ Avoir une vie de sanctification sans laquelle personne ne verra Dieu; « hébreux 12 :14, 2Corin 7 :1 Apoc 22 :14, 2Thessaloniciens 2 :13 »
- ✓ Vaincre son propre corps ; « 1Conrithiens 9 :27 »
- ✓ Persévérer jusqu'à la fin sans renier christ, malgré les épreuves et les souffrances qu'on peut endurer si telle est la volonté de Dieu; 1Priere 5 :9 -11, Romains 8 :17-18,
- ✓ Avoir une vie de prière stable et de méditation approfondie de la parole pour ne pas tomber dans la tentation. Matthieu 26 :40 – 41
- ✓ Avoir la haine des péchés, la crainte de Dieu et l'esprit de sainteté ;
- ✓ Après avoir tombé dans le péché, il faut sentir la culpabilité, avoir un cœur brisé, un esprit repentant et arrangé vite avec Dieu;
- ✓ Avoir l'amour pour Dieu et l'amour du prochain

<u>**Chapitre III. VAINCRE LE COMBAT DES DEUX NATURES**</u>

Les croyants portent en eux deux natures : « nature adamique qui est le corps physique corrompu, faible, attaché au péché et aux convoitises » et « le nouvel homme créé selon Dieu, en justice et sainteté »

Ces deux natures sont opposées et ne peuvent jamais s'attendre, l'une doit dominer l'autre. La nouvelle nature qui se trouve dans le nouvel homme tire son origine de l'Esprit de christ qui vivifie tandis que le vieil homme tire son origine de la chair c'est-à-dire d'Adam (péché).

Néanmoins, la nature de Dieu doit dominer la nature de la chair par la puissance du Saint-Esprit jusqu'à faire disparaitre l'influence de la chair, ses désirs, ses convoitises et ses passions.

Dans Romains 7 : 21 - 23, **Apôtre PAUL,** aussi avait expérimenté cette guerre entre la loi du péché qui résidait dans les membres du corps de la chair attaché au mal contre la loi de Dieu habitât dans l'homme intérieur attaché au bien.

Au verset 24, il se demandât avec douleur : « Misérable que je suis ! Qui me délivrera du corps de cette mort ?...

Au verset 25, Apôtre PAUL, rendra grâce à Dieu par Jésus-Christ car il avait compris que la réponse à sa question était la position de son cœur. Voilà pourquoi, il résolu lui-même dans son cœur de se faire par l'entendement esclave de la loi de Dieu.

C'est ainsi qu'il dira plus tard : « Mais je traite durement mon corps et le tiens assujetti, de peur d'être moi-même rejeté, après avoir prêché aux autres, 1Conrithiens 9 :27 »

Celui qui a cru au seigneur est désormais croyant, qui vit maintenant de l'autre côté. Il a été mort et ressuscité. La vieille nature a disparue ; Et maintenant il est devenu enfant de Dieu, ayant dépouillé « **le vieil homme** » et ayant revêtu « **l'homme nouveau**».

« Si du moins vous l'avez entendu, et si, conformément à la vérité qui est en Jésus, c'est en lui que vous avez été **instruits à vous dépouiller,** eu égard à votre vie passée, **du vieil homme** qui se corrompt par les convoitises trompeuses, **à être renouvelés dans l'esprit** de votre intelligence, et **à revêtir l'homme nouveau**, créé selon Dieu dans une justice et une sainteté que produit la vérité ». Éphésiens. 4:21-24;

« Ne mentez pas les uns aux autres, vous étant **dépouillés du vieil homme** et de ses œuvres, et **ayant revêtu l'homme nouveau**, qui se renouvelle, dans la connaissance, selon l'image de celui qui l'a créé. » **Colossiens. 3:9-10.**

« Voyez quel amour le Père nous a témoigné, pour que nous soyons appelés enfants de Dieu! Et nous le sommes. Si le monde ne nous connaît pas, c'est qu'il ne l'a pas connu. » 1 Jean 3:1.
Le croyant doit vaincre l'ancienne nature pécheresse et maintenir la nouvelle nature de Christ, ainsi pour y parvenir, il faut :

> ➢ **Par l'Esprit faire mourir les actions de la Chair et Être conduit par l'Esprit du Christ.**

« Si vous vivez selon la chair, vous mourrez; mais si par l'Esprit vous faites mourir les actions du corps, vous vivrez, car tous ceux qui sont conduits par l'Esprit de Dieu sont fils de Dieu. » **Romains 8:13-14) ;**

> ➢ **Il ne faut pas éterniser ce combat entre les deux natures.**

La chair convoitant contre l'Esprit, et l'Esprit contre la chair, vous devez marcher par l'Esprit, pour ne pas accomplir en aucune façon les convoitises de la chair. L'Esprit devient votre vie vous liant à la vie Christ Jésus.
« Je dis donc: Marchez selon l'Esprit, et vous n'accomplirez pas les désirs de la chair. Car la chair a des désirs contraires à ceux de l'Esprit, et l'Esprit en a de contraires à ceux de la chair; ils sont opposés entre eux, afin que vous ne fassiez point ce que vous voudriez. » **Galates 5:16-17**

> ➢ **Il faut crucifier la chair avec ses passions et ses désirs.**

Ceux qui sont à Jésus Christ ont crucifié la chair avec ses passions et ses désirs. Si nous vivons par l'Esprit, marchons aussi selon l'Esprit. **Galates**

5:24-25. Cette œuvre s'opère au moyen de la foi agissante et totale à Christ.

> ➢ **Il faut remplacer les œuvres de la chair par le fruit de l'Esprit :**

L'amour, la joie, la paix, la longanimité, la bienveillance, la bonté, la fidélité, la douceur, la tempérance », résultats naturels de la vie de Christ en nous.

« Mais le fruit de l'Esprit, c'est l'amour, la joie, la paix, la patience, la bonté, la bénignité, la fidélité, la douceur, la tempérance; » Galates 5:22

Bien-aimés, nous sommes maintenant enfants de Dieu, et ce que nous serons n'a pas encore été manifesté; mais nous savons que, lorsque cela sera manifesté, nous serons semblables à lui, parce que nous le verrons tel qu'il est. **1 Jean 3:2**

<u>Chapitre IV. CROISSANCE SPIRITUELLE</u>

A. ÉGLISE LOCALE

L'Église locale est une partie des croyants (es) issues de l'Église Universelle (Église corps du christ) dont les membres se réunissent régulièrement et pratiquent les différents sacrements qu'y sont administrés dans le strict respect de la saine doctrine. Tout croyant doit avoir une Église locale d'attache.

Activités de l'église locale

Les croyants se réunissent pour :

- ✓ L'enseignement ;
- ✓ La prière ;
- ✓ La communion fraternelle;
- ✓ La fraction du pain;
- ✓ L'adoration;
- ✓ La prédication de l'Évangile (Évangélisation) ;
- ✓ Les actes sacerdotaux et les pratiquent des différents sacrements.

« Ils persévéraient dans l'enseignement des apôtres, dans la communion fraternelle, dans la fraction du pain, et dans les prières. » **Actes 2:42**

Tous ceux qui croyaient étaient dans le même lieu, et ils avaient tout en commun. Ils vendaient leurs propriétés et leurs biens, et ils en partageaient le produit entre tous, selon les besoins de chacun. Ils étaient chaque jour tous ensembles assidus au temple, ils rompaient le pain dans les maisons, et prenaient leur nourriture avec joie et simplicité de cœur, louant Dieu, et trouvant grâce auprès de tout le peuple. Et le Seigneur ajoutait chaque jour à l'Église ceux qui étaient sauvés. **Actes 2:44-47**

La multitude de ceux qui avaient cru n'était qu'un cœur et qu'une âme. Nul ne disait que ses biens lui appartinssent en propre, mais tout était commun entre eux. **Actes 4:32**

Car il n'y avait parmi eux aucun indigent: tous ceux qui possédaient des champs ou des maisons les vendaient, apportaient le prix de ce qu'ils avaient vendu, et le déposaient aux pieds des apôtres; et l'on faisait des distributions à chacun selon qu'il en avait besoin. **Actes 4:34-35**

Remarque :

- ❖ Parmi les membres de l'Église, on trouvait des familles d'accueils pour quiconque désirait connaître Dieu ;
- ❖ L'Église était capable d'apporter une aide spirituelle, sociale et financière à ses membres qui étaient dans le besoin ainsi qu'à ceux qui sont appelés à une charge locale ou en mission: Les Ministres de Dieu.
- ❖ Un témoignage visible de l'unité de ceux qui croient en Jésus-Christ, malgré la diversité d'âges, de natures, de conceptions, de situations et de conditions sociales ;
- ❖ Multiplication des missions évangéliques en vue d'implanter des nouvelles Églises locales,
- ❖ L'augmentation et la croissance extraordinaire des nouveaux convertis ;

L'Église locale est une nouvelle famille dont le seul père de tous est le seigneur Jésus-Christ valablement représenter par le pasteur ou berger.
Tout chrétien est une brebis qui doit être conduit par un berger (pasteur). Tout pasteur est un Surveillant des âmes, protecteur, il est appelé à prendre soin du troupeau, à le conduire et à veiller sur lui. Le pasteur marche avec le bâton et la houlette.

NB : Notre relation avec le seigneur n'est en aucun cas limitée au lieu de culte de l'Église. Nous devons prier Dieu à tout lieu et à tout moment selon le besoin et manifester la nature du christ partout où l'on peut se retrouver.

B. EXERCICES SPIRITUELS

1. La Prière
O toi, qui écoutes la prière! Tous les hommes viendront à toi. Psaumes 65:3 La prière vous permettra de communiquer avec Dieu et de garder ton intimité avec le seigneur. Par la prière le croyant entre dans la présence de Dieu. La prière nous rend puissants. **Psaume 68 :28**

La vie de prière vous permettra de remporter des victoires dans n'importe quelle bataille spirituelle, d'activer les transferts des bénédictions du ciel vers la terre.

Par la prière vous avez le pouvoir de guérir les malades, chasser les démons, détruire les œuvres du diable.

Pour retrouver la joie, nous devons demander ce que nous avons besoin à Dieu par la prière. Nous devons prier pour ne pas tomber dans la tentation. La prière change votre vie et celle des membres de votre famille. **Jean 16 : 24**. Vous devez faire de la prière votre priorité, Jésus l'avait fait. Avant de prendre certaines décisions, il faut prier.

A qui adresser la prière ?

Toute prière doit se faire au nom du seigneur Jésus-Christ, lui qui est le destinateur de nos prières.

Comment prier ?

Pour que la prière soit exaucée :
-   Il faut la faire avec foi et la pureté du cœur. La prière des justes à une grande efficacité.
-   Il faut faire votre prière selon la volonté de Dieu ;
-   Il faut faire des prières pour des causes justes ;
-   Il faut faire la prière en s'appuyant sur la parole de Dieu et sur les promesses divines

2. La méditation

La Bible contient la parole de Dieu. Il y a vraiment des informations adéquates pour votre croissance dans votre marche avec le seigneur. La parole de Dieu est une lampe qui éclaire votre chemin, et qui vous conduit à Dieu.

Que ce livre de la loi ne s'éloigne pas de ta bouche ; médite-le jour et nuit, pour agir fidèlement selon tout ce qui y est écrit ; car c'est alors que tu auras du succès dans tes entreprises, c'est alors que tu réussiras. **Josué 1 :8.** La méditation vous rendra heureux. Luc 11 :28

3. Les Offrandes, Dime, Actions De Grace Et autres Libéralités

Par les offrandes, dîme, actions de grâce et autres libéralités vous exprimez votre gratitude et reconnaissance à Dieu. C'est un acte d'amour, d'obéissance et de fidélité à Dieu.

Ce sont aussi des exercices hautement spirituels et puissants capable d'ouvrir le ciel à votre faveur. Le secret de la bénédiction financière et de la sécurité de toute activité professionnelle. L'ennemi juré de la pauvreté.

« MALACHIE 3 :10-11 »

L'impact des offrandes, des dîmes, des actions de grâce et autres libéralités réside dans la foi et dans son caractère volontaire. Tout ce qu'on donne à Dieu doit être le fruit de résolution du cœur.

Les règles contraignantes dans les domaines des offrandes bloquent l'activation et le transfert des bénédictions attachées à cet acte.

Ne donner jamais une offrande par contrainte, pour plaire aux gens, pour attirer l'attention des pasteurs ou pour se prévaloir etc... Car, tu seras acclamé des hommes, mais tu ne seras pas béni, ni récompensé de Dieu.

Ne donner jamais les offrandes des choses ou de l'argent venants des sources obscures. Par exemple : l'argent ou bien venant du vol, de l'escroquerie, de la prostitution, de la corruption etc... C'est une abomination à l'égard de Dieu et une source des malédictions pour l'homme.

La sainteté et la pureté de l'offrande ainsi que la communion personnelle de croyant avec Christ joue un rôle clé dans l'agrément de l'offrande et l'obtention des bénédictions qu'y sont attachées. 1Pierre 2 : 5

Votre offrande doit provenir d'une source juste et pure. Le manque de sincérité et de vérité à ce qui concerne, les offrandes, les dîmes, les actions de grâce et autres libéralités attirent la mort et la malédiction. Nous avons comme exemple : Ananias et Saphira qui fûtes frappés par la mort à cause de mensonge au sujet de libéralité, **Actes 5 :1 -11**, et le peuple d'Israël étaient frappés par la malédiction « **Malachie 3 :8-9** »

Un homme de Dieu avait dit : « Tout ce que nous donnons à Dieu, quitte nos mains mais ne quitte jamais nos vies de génération en génération ».

Chapitre V. SAUVE POUR SERVIR

A. LES DONS SPIRITUELS

Tout chrétien a reçu de la part du Saint-Esprit une potentialité spirituelle appelée le don spirituel particulier.

Il y a diversité de dons, mais le même Esprit ; diversité de ministères, mais le même Seigneur ; diversité d'opérations, mais le même Dieu qui opère tout en tous. Or, à chacun la manifestation de l'Esprit est donnée pour l'utilité commune. **1 Corinthiens 12 :4-7.**

Un seul et même Esprit opère toutes ces choses, les distribuant à chacun en particulier comme il le veut. **(1 Corinthiens 12:11).**

En effet, à l'un est donné par l'Esprit une parole de sagesse ; à un autre une parole de connaissance selon le même Esprit ; à un autre la foi, par le même Esprit ; à un autre, le don de guérisons, par le même Esprit ; à un autre le don d'opérer les miracles ; à un autre, la prophétie ; à un autre le discernement des esprits ; à un autre, la diversité des langues ; à un autre, l'interprétation des langues **(1 Corinthiens 12 : 8-10).**

Il existe neuf (9) dons spirituels repartis en trois groupes suivants :

1. Dons des révélations :
  - Le don de la Parole de sagesse
  - Le don de la Parole de connaissance
  - Le don de Discernement des esprits

2. Dons d'inspiration :
  - Le don de la prophétie
  - Le don de la diversité des langues
  - Le don de l'interprétation des langues

3. Dons des puissances :
  - Le don de la foi
  - Le don de guérisons
  - Le don d'opérer les miracles

Nous devrions donc exercer nos dons spirituels pour contribuer au fonctionnement du corps du Christ.

B. FAITES DE TOUTES LES NATIONS MES DISCIPLES

Puis il leur dit: Allez par tout le monde, et prêchez la bonne nouvelle à toute la création. Celui qui croira et qui sera baptisé sera sauvé, mais celui qui ne croira pas sera condamné. Marc 16:15-16
Allez, faites de toutes les nations des disciples, les baptisant au nom du Père, du Fils et du Saint Esprit. Matthieu 28:19

Le seigneur lui-même fait la description de la vie de disciple en posant des bases nécessaires par ces multiples enseignements. Un Disciple est celui qui apprend ou qui suit un maître. La volonté parfaite et le plan divin selon notre seigneur Jésus est que tous les chrétiens soient des disciples formés, affermis et engagés pour les choses du royaume des cieux. Jésus désir avoir des milliers de disciples et en sortir un nombre restreint des serviteurs. Pour être un bon serviteur du seigneur, il faut être au préalable un bon disciple.

C. CONDITIONS REQUISES POUR DEVENIR UN DISCIPLE

1. Il faut haïr sa famille et sa propre vie:
De grandes foules faisaient route avec Jésus. Il se retourna, et leur dit:
Si quelqu'un vient à moi, et s'il ne hait pas son père, sa mère, sa femme, ses enfants, ses frères, et ses sœurs, et même à sa propre vie, il ne peut être mon disciple.
Luc 14:25-26
« Celui qui aime son père ou sa mère plus que moi n'est pas digne de moi, et celui qui aime son fils ou sa fille plus que moi n'est pas digne de moi; »
Matthieu 10:37

Pour être le disciple du Seigneur Jésus, il faut haïr tout le monde et même sa propre vie.
Haïr ici, n'est pas pris dans le sens ou contexte de la haine mais au sens de l'amour qu'on doit offrir à Dieu et aux hommes ou à sa propre vie. L'affection et l'amour qu'un disciple offre à sa famille ou à sa propre vie ne peuvent pas entrer en rivalité avec l'amour qu'il doit au seigneur Jésus-Christ son maitre.

Un disciple doit renoncer d'une manière absolue à sa propre vie c.à.d.

- sa personnalité ;
- sa dignité ;
- sa propre âme autrement dit ces émotions, ces sentiments, etc…

Un disciple doit éviter à ce que les choses citées ci-haut attachées à sa destinée terrestre ne soient pas un obstacle à sa communion personnelle avec le seigneur. Donc un disciple est celui qui doit être prêt à sacrifier sa vie terrestre tout entière pour la cause du royaume des cieux et de seigneur Jésus-Christ, son maitre.

2. Il faut porter sa croix et suivre jésus

Puis il dit à tous: Si quelqu'un veut venir après moi, qu'il renonce à lui-même, qu'il se charge chaque jour de sa croix, et qu'il me suive. **Luc 9:23** Marc 8:34 Puis, ayant appelé la foule avec ses disciples, il leur dit: Si quelqu'un veut venir après moi, qu'il renonce à lui-même, qu'il se charge de sa croix, et qu'il me suive.

Porter la croix veut justement dire :

La croix est un **emblème** et **l'image des souffrances** et **persécutions** qu'un disciple doit endurer dans l'esprit d'obéissance et d'amour en suivant le modèle du seigneur Jésus-Christ qui avait tout endurer jusqu'à déclarer que tout est accompli.

La croix est aussi l'ensemble des **épreuves de la foi** auxquelles le croyant doit faire face. Le seigneur nous demande de garder l'attitude de joie au moment des épreuves. **1Pierre 1 :5-9, Jacques 1 :2-3**

Chaque disciple a sa propre croix qu'il doit porter pour suivre le maitre, seigneur Jésus-Christ. Les réalités spirituelles, physiques, psychologiques, morales et sociales auxquelles disciple doit faire face dans la vie normale en tant qu'un humain. Dans la vie ministérielle des serviteurs du seigneur, les épreuves se différent d'un disciple à l'autre en fonction de leurs niveaux d'appel et de la mission que chacun avait reçu de Dieu.   Ainsi donc, la croix produit les effets tels que l'ignominie, la honte, la souffrance, la persécution et la mort.

SUIVRE JESUS   C'est marcher dans les pas du christ ; Poursuivre les mêmes objectifs divins du seigneur. Notamment : la passion de salut des âmes, annoncer le royaume de Dieu, la délivrance de captifs, proclamer la bonne nouvelle (Évangéliser) et former d'autres disciples etc...

3. Il doit renoncer à tout ce qu'il possède

Au-delà des valeurs morales décrites dans le deuxième point (un disciple porte sa croix et suit Jésus) où nous avions dit qu'un disciple doit sacrifier sa vie et renoncer à ses valeurs à cause de son maître. Il y a aussi des choses que l'homme possède auxquelles il doit renoncé afin de remplir les conditions posées par le seigneur pour devenir son disciple. Les avoirs de l'homme ne doivent pas avoir plus de la valeur que l'œuvre du seigneur. Par ailleurs, l'œuvre de Dieu doit être une priorité absolue pour tout disciple.

« Moi aussi, cependant, j'aurais sujet de mettre ma confiance en la chair. Si quelque autre croit pouvoir se confier en la chair, je le puis bien davantage, moi, circoncis le huitième jour, de la race d'Israël, de la tribu de Benjamin, Hébreu né d'Hébreux; quant à la loi, pharisien; quant au zèle, persécuteur de l'Église; irréprochable, à l'égard de la justice de la loi. Mais ces choses qui étaient pour moi des gains, je les ai regardées comme une perte, à cause de Christ. Et même je regarde toutes choses comme une perte, à cause de l'excellence de la connaissance de Jésus Christ mon Seigneur, pour lequel j'ai renoncé à tout, et je les regarde comme de la boue, afin de gagner Christ, » **Philippiens 3:4-8**

4. Il doit aimer et garder l'instruction du maitre

Retiens l'instruction, ne t'en dessaisis pas; Garde-là, car elle est ta vie. Proverbe 4:13

L'instruction est :
- Une Action d'instruire quelqu'un sur les préceptes, les principes nécessaires à son éducation;
- Un Ordre, explications écrites ou verbales qu'un prince donne à son ambassadeur, à son envoyé, à son délégué, sur la manière de se conduire dans la mission dont il est chargé.
- Une Connaissances, un savoir et une notion acquise.

Écoute, mon fils, l'instruction de ton père(Jésus), Et ne rejette pas l'enseignement de ta mère (Église) ; Car c'est une couronne de grâce sur ta tête, Et une parure pour ton cou. Mon fils, si des pécheurs veulent te séduire, Ne te laisse pas gagner.   Proverbes 1:8 – 10. L'instruction donne la sagesse et l'intelligence divine qui permettent à l'homme de comprendre la crainte de Dieu et de trouver la connaissance de Dieu, Proverbes 2 : 1-5.

La révélation de Dieu et du ministère sont des mystères que Dieu révèle à l'homme progressivement. C'est ainsi qu'un disciple du seigneur Jésus doit développer l'attitude d'humilité de celui qui apprend à chaque pas de sa marche avec le seigneur. Ceci lui permettra d'acquérir des nouvelles expériences, d'explorer et de découvrir la richesse et l'immense sagesse infinie du seigneur. Il est important pour un disciple de faire de réforme quotidienne de sa vie et de sa manière de servir le seigneur.

Jésus veut à ce que ses disciples se rejoignent à lui dans le domaine d'apprendre. Toute sa vie sur la terre et au cours de son ministère le seigneur apprenait toujours.

Dans **Hébreux 5 :8** Jésus a appris, bien qu'il fût fils, l'obéissance par les choses qu'il a souffertes,

Dans **Luc 2 :46**, Au bout de trois jours, ils le trouvèrent dans le temple, assis au milieu des docteurs, les écoutant et les interrogeant.

Celui qui rejette la connaissance, Dieu le rejettera aussi et il sera dépouillé même du saint sacerdoce. **Osée 4 :6b**

5. Il doit aimer la correction et la réprimande

 Celui qui aime la correction aime la science ; Celui qui hait la réprimande est stupide. **Proverbe 12 :1**

Il est important qu'un disciple aime et accepte la correction et la réprimande de son conducteur. On ne peut pas dissocier l'instruction (la connaissance) avec la correction et la réprimande.

Celui qui aime la correction aime la connaissance, mais celui qui réprouve la réprimande est emporté dans ses pensées et agit de manière non conforme à la raison.

Le but de correction et de réprimande est de guider les disciples sur la bonne voie et le recadrer à cas de nécessité.

La réprimande n'est pas plaisante à l'homme. On peut connaitre sa valeur à partir de ses fruits. Elle n'a jamais été sucrée, c'est un morceau dur et

amer. Un sage aime ce qui est désagréable car il est précieux pour forger
son Être.

Celui qui aime la correction aime la science ; Celui qui hait la réprimande
est stupide, Proverbes 12:1. La correction et la réprimande affermissent
l'homme. La racine des justes est inébranlable car ils aiment la correction.
Proverbes 12:3. L'ignorance est une malédiction.

D. CARACTÉRISTIQUES D'UN DISCIPLE DU SEIGNEUR JESUS-CHRIST

Le fait d'établir des nouveaux rapports avec le seigneur Jésus-Christ Permet
à l'homme d'acquérir, une nouvelle connaissance et une nouvelle
expérience de la vie, à la suite de quoi, l'homme sera capable de
développer des nouvelles attitudes spirituelles, morales et physique
témoignant son appartenance à christ.

> ### Un Disciple aime de tout son cœur

L'AMOUR est l'une des caractéristiques fondamentales du disciple. Toute la
loi et les prophètes dépendent de l'amour. L'amour combat les divisions,
les querelles, la haine, la méchanceté, l'orgueil.

a. Amour pour Dieu

Maître, quel est le plus grand commandement de la loi? Jésus lui répondit:
Tu aimeras le Seigneur, ton Dieu, de tout ton cœur, de toute ton âme, et
de toute ta pensée. C'est le premier et le plus grand commandement.
Matthieu 22 : 36-38

Celui qui a mes commandements et qui les garde, c'est celui qui m'aime; et
celui qui m'aime sera aimé de mon Père, je l'aimerai, et je me ferai
connaître à lui. **Jean 14:21**

Si vous m'aimez, gardez mes commandements, Jean 14:15. Celui qui aime
le seigneur garde son enseignement et ses commandements. Celui qui aime
Dieu se sanctifie pour Dieu, Se purifie pour Dieu.

b. Amour du prochain

Je vous donne un commandement nouveau: Aimez-vous les uns les autres; comme je vous ai aimés, vous aussi, aimez-vous les uns les autres. A ceci tous connaîtront que vous êtes mes disciples, si vous avez de l'amour les uns pour les autres. **Jean 13 : 34-35.**

Ayant purifié vos âmes en obéissant à la vérité pour avoir un amour fraternel sincère, aimez-vous ardemment les uns les autres, de tout votre cœur, puisque vous avez été régénérés, non par une semence corruptible, mais par une semence incorruptible, par la parole vivante et permanente de Dieu. **1Pierre 1 :22 -23**

Si vous accomplissez la loi royale, selon l'Écriture: Tu aimeras ton prochain comme toi-même, vous faites bien. Jacques 2:8

> **Un disciple est totalement attaché à Jésus et totalement détaché du monde**

L'engagement total à Jésus-Christ vient de détachement total du monde. L'attachement à la vie terrestre et ou aux choses du monde a toujours été un obstacle à la communion personnelle de l'homme avec le seigneur. Dans le domaine d'attachement, on reflète toujours la nature de celui sur qui on est attaché.

> **Un Disciple est amoureux de la présence de Dieu,**

Il aime et persévère dans la prière. Tous les disciples étaient toujours unis dans la prière pour chercher la face de Dieu.
Persévérez dans la prière, veillez-y avec actions de grâces.
 Colossiens 4 :2

> **Un Disciple est animé de soucis de gagner les âmes**

Gagner les âmes et former d'autres disciples est une loi et un ordre du Roi. Le Souci de gagner les âmes excite le disciple à poser des actions évangéliques capables d'amener les milliers d'âmes au seigneur. Évangélisation etc....

> ### **Un Disciple est animé de soif de connaitre Dieu**

Des troupes se présenteront sur son ordre; elles profaneront le sanctuaire, la forteresse, elles feront cesser le sacrifice perpétuel, et dresseront l'abomination du dévastateur. Il séduira par des flatteries les traîtres de l'alliance. Mais ceux du peuple qui connaîtront leur Dieu agiront avec fermeté, **Daniel 11:31-32**

Or, la vie éternelle, c'est qu'ils te connaissent, toi, le seul vrai Dieu, et celui que tu as envoyé, Jésus Christ. **Jean 17:3**

La méditation approfondie de la parole de Dieu sous la conduite du Saint-Esprit et l'étude Biblique approfondie aideront les disciples à connaitre leurs Dieu. Il faut combattre et chasser l'ignorance par la connaissance de la vérité.

> ### **Un Disciple est un guerrier du seigneur**

Souffre avec moi, comme un bon soldat de Jésus Christ. Il n'est pas de soldat qui s'embarrasse des affaires de la vie, s'il veut plaire à celui qui l'a enrôlé; **2Timothee 2:3-4.** Un militaire a toujours été loyal, discipliné, ordonné. Étant soldat du royaume, un disciple doit défendre toujours les intérêts du royaume jusqu'au sacrifice suprême de sa propre vie au champ d'honneur comme notre maître Jésus-Christ nous a montré le modelé.

<u>**CONCLUSION**</u>

Le monde actuel a de plus en plus perdu la conscience du péché et surtout ses conséquences au siècle présent et le jugement dernier qui conduira les milliers à l'enfer, l'étang ardent de feu. La proclamation de l'évangile du salut qui annonce le Royaume de Dieu mettant Jésus au centre de tout, révèle le péché et produit la prise de conscience ainsi que la repentance sincère. Au regard de ce qui précède, L'Église doit collaborer avec le Saint Esprit afin de convaincre le monde du péché, de justice et de jugement. Jean 16 :8. L'Église de ce temps de la fin, doit anticiper les évènements par le message prophétique.

Le Saint-Esprit convainc du péché, et sa sainte puissance donne la force et le pouvoir de le vaincre (péché) et de le chasser afin de permettre aux croyants de vivre la sainteté. Le Saint-Esprit nous greffe dans le corps du Christ en tant que membre, il nous donne l'identité précise. À cause de notre appartenance au corps du Christ, dont nous sommes les membres; chacun doit travailler fermement pour contribuer à l'édification et affermissement des nouveaux convertis. Tissons des liens solides pour consolider fraternellement notre communion.

Que le seigneur nous aide à produire des disciples intègrent, fidèles, humbles, loyaux, patients, obéissants, droits, productifs et généreux ; dignes de confiance, plein d'amour et de compassion. Vivons tous en harmonie parfaite dans la paix du seigneur avec nos maris, nos femmes, nos enfants ainsi qu'avec ceux qui nous entourent. Supportons les moments des épreuves et des persécutions avec une foi ferme car bientôt nous serons avec lui dans la gloire pour l'éternité. Amen !!! Amen !!! Amen.

Gloire au seigneur Jésus-Christ, prince de la paix.

Pour soutenir ces programmes avec vos offrandes volontaires, vos actions des grâces et vos dons, prière de nous contactez Aux **:**

+243 819484849 M Pesa / Whatsapp et Appel
+243 851008228 Orange Money /Appel

Compte bancaire EQUITY BCDC
00011050300100110868577 (USD)
76610017625286 (CDF)
Gmail: henrionangando@gmail.com

Révérend **Prophète Henri ONANGANDO**

Lu et approuvé par la maison d'Edition vie et rêve

Tous les versets Bibliques sont tirés de la version française Louis Segond.

Pour éviter toute contrefaçon et toute falsification du message, il est strictement interdit de reproduire ce livre en entier ou en parti sans l'autorisation préalable de l'auteur.

yes

I want morebooks!

Buy your books fast and straightforward online - at one of world's fastest growing online book stores! Environmentally sound due to Print-on-Demand technologies.

Buy your books online at
www.morebooks.shop

Achetez vos livres en ligne, vite et bien, sur l'une des librairies en ligne les plus performantes au monde!
En protégeant nos ressources et notre environnement grâce à l'impression à la demande.

La librairie en ligne pour acheter plus vite
www.morebooks.shop

Printed by Books on Demand GmbH, Norderstedt / Germany